그린이 빅토르 에스칸델

바르셀로나 마사나 디자인 학교에서 그래픽디자인을 공부했어요. 광고 회사, 신문사, 정부 기관, 국제 기구에서 일했고, 어린이 책에 그림을 그리는 일러스트레이터로도 활동해요. 독자가 자유로운 정신을 일깨우고 새로운 창의력을 발휘할 수 있도록 돕는 것이 꿈이에요. 그린 책으로 『추리 게임』, 『세계사 추리 게임』, 『과학 추리 게임』이 있어요.

수수께끼 선별 및 각색 빅토르 사바테

바르셀로나에서 태어나 작가이자 번역가로 활동하고 있어요. 문학, 철학·인문학 교양서를 비롯해 다양한 분야의 책을 쓰고 번역했어요. 그래도 어린이를 위한 글을 쓸 때가 제일 즐거워요. 피자, 신화, 무서운 이야기, 난로 앞에서 낮잠 자기를 좋아하고 고양이 아타리와 함께 살고 있어요.

옮긴이 권지현

고등학교를 졸업할 무렵부터 번역가의 꿈을 키웠어요. 그래서 서울과 파리에서 번역을 전문으로 가르치는 학교에 다녔고, 학교를 졸업한 뒤에는 번역을 하면서 번역가가 되고 싶은 학생들을 가르치고 있어요. 그동안 옮긴 책으로는 「도전 명탐정 프로젝트」, 「보통의 호기심」, 「꼬마 중장비 친구들」 시리즈와 『미생물 팬클럽』, 『내 친구 숫자를 소개합니다』, 『아나톨의 작은 냄비』 등이 있어요.

우리에게 계속해서 영감을 주고 이 책처럼 아주 재미있는 아이디어를 준 말레나, 니코, 비엘, 훌리아, 베나트, 나로아에게 감사합니다. ―빅토르, 레베카

인체 추리 게임
비밀은 몸 안에 있다! 25개의 미스터리를 파헤쳐라

초판 인쇄 2025년 6월 2일 **초판 발행** 2025년 6월 2일
그린이 빅토르 에스칸델 **수수께끼 선별 및 각색** 빅토르 사바테 **옮긴이** 권지현
펴낸이 남영하 **편집** 전예슬 조웅연 **디자인** 박규리 **마케팅** 김영호 **경영지원** 최선아
펴낸곳 ㈜씨드북 **주소** 03149 서울시 종로구 인사동7길 33 남도빌딩 3F **전화** 02) 739-1666 **팩스** 0303) 0947-4884
홈페이지 www.seedbook.co.kr **전자우편** seedbook009@naver.com **인스타그램** instagram.com/seedbook_publisher
ISBN 979-11-6051-723-1 (77870) **세트** 979-11-6051-730-9 (74870)

Enigmas of The Human Body
© Original title: Enigmes del cos humà
© Original edition: Zahorí Books (www.zahorideideas.com)
© Illustrations: Víctor Escandell, 2023
© Texts: Víctor Sabaté, 2023
With the collaboration of Institut d'estudis baleàrics
Korean Translation Copyright © Seedbook Co., Ltd, 2025
All rights reserved.
This Korean edition was published by arrangement with
Zahorí de Ideas S. L. (Barcelona)
through Bestun Korea Agency Co., Seoul

이 책의 한국어판 저작권은 베스툰 코리아 에이전시를 통해 저작권자와의 독점계약으로 ㈜씨드북에 있습니다.
저작권법에 의해 한국 내에서 보호를 받는 저작물이므로 무단 전재와 무단 복제를 금합니다.

 제조국명: 대한민국 | **사용연령:** 6세 이상
KC마크는 이 제품이 공통안전기준에 적합하였음을 의미합니다.
종이에 베이지 않게 주의하세요.

• 책값은 뒤표지에 있어요. • 잘못 만들어진 책은 구입하신 서점에서 바꾸어 드려요. • 씨드북은 독자들을 생각하며 책을 만들어요.

인체 추리 게임

비밀은 몸 안에 있다!
25개의 미스터리를 파헤쳐라

빅토르 에스칸델 그림   빅토르 사바테 수수께끼 선별 및 각색   권지현 옮김

씨드북

신비로운 인체 추리 게임의 세계에 온 걸 환영해요!

우리 몸은 기계처럼 정확하면서도 신비로운 방식으로 움직여요. 지난 수백 년 동안 의학 분야의 연구자들이 인체를 연구하고 원리를 밝혀냈지만, 아직도 풀리지 않은 수수께끼가 많이 남아 있어요. 그래도 의학은 큰 발전을 거두었지요. 이 책에 나오는 수수께끼들을 따라 몸속 여행을 떠나요. 인체 구조와 여러 장기를 발견하고, 인체에 숨겨진 미스터리를 추리해 봐요.

수수께끼 푸는 법

이 책에 나오는 수수께끼를 풀고 그 답을 이해하려면 내 안에 있는 잠재 능력을 모두 발휘해야 해요.
어떻게 시작해야 할지 모르겠다면 아주 간단한 방법을 써 봐요.

1. 관찰하기
글을 잘 읽고 그림도 꼼꼼히 살펴봐요.

2. 질문하기
어떤 일이 벌어졌나요? 문제는 무엇인가요?
수수께끼와 관련된 인체 부위에 집중해요.

3. 가설 세우기
현재 상황이 일어난 이유를 말하고 사건이 어떻게,
그리고 왜 일어났는지 설명해 봐요. 틀려도 괜찮아요.

4. 추리하기
생각해 낸 아이디어나 가설을 논리적으로 설명해 봐요.
설명할 수 없는 수수께끼는 없어요.

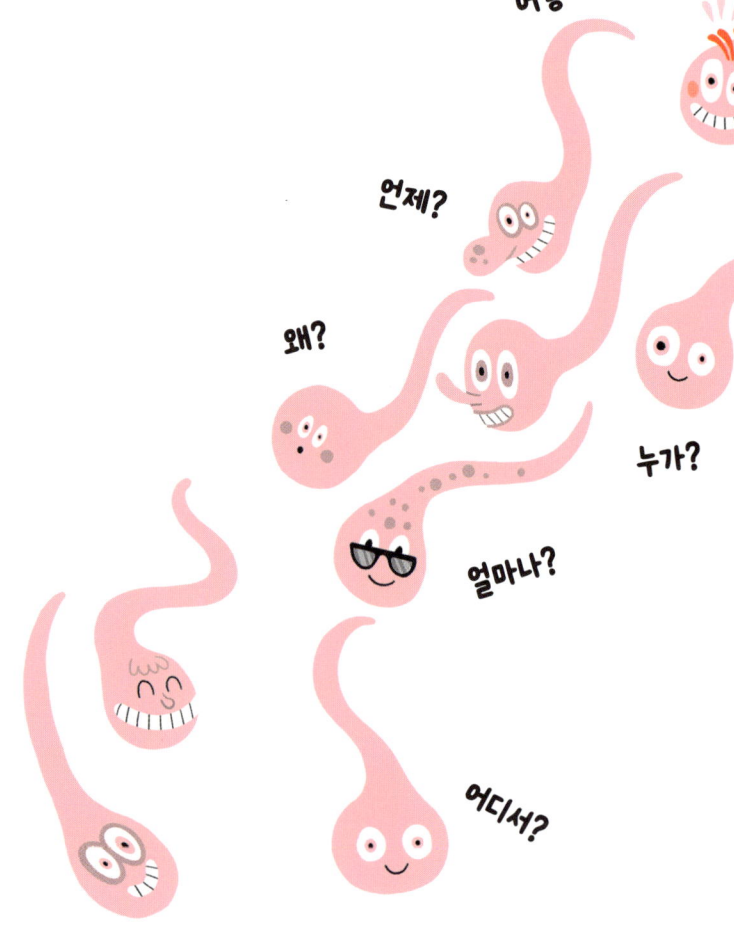

수수께끼 맨 앞에 표시가 있어요. 논리력이 필요한 문제인지, 상상력이 필요한 문제인지 알려 줘요.

나와라, 논리력!

작은 톱니바퀴 2개가 보이면 답은 글이나 그림 안에 있어요. 그럴 때는 이렇게 해 봐요.
- 글 전체를 한 번 읽고 그림도 자세히 들여다봐요.
- 글을 다시 읽고 세부 내용을 관찰해요. 그러면서 정보를 구분하고 분석해 봐요.
- 여러 아이디어를 연결하면서 하나의 정보에서 다른 정보를 끌어내요.

켜져라, 상상력!

켜진 램프가 보이면 상상력을 발휘해 봐요.
- 수수께끼는 평범한 문제가 아니에요. 뜻밖의 답이 나올 수도 있어요.
- 이야기에 담긴 정보만으로는 답을 추론할 수 없어요. 어떤 것도 당연하다고 생각하지 말아요!
- 답을 찾으려면 상상력을 발휘해야 해요. 익숙한 관점에서 벗어나 문제를 바라봐요.

게임 방법

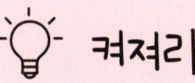

백지장도 맞들면 나아요!

게임은 혼자 해도 되고 팀을 만들어서 해도 돼요. 사람이 많을수록 사건 해결이 더 재미있을 거예요. 물론 사람이 적어도 재미있고요. 팀으로 게임하는 방법에는 두 가지가 있어요.

가족과 함께

- 먼저 대장 탐정을 정해요. 대장만이 답을 볼 수 있어요.
- 다른 사람들이 대장에게 질문해서 단서를 알아내요. 대장은 다음과 같은 방법으로만 대답할 수 있어요.
  - "네." 혹은 "아니요."
  - "질문을 바꾸어서 하세요."
  - "그건 중요하지 않아요."
- 답을 찾지 못했을 때, 대장은 다른 사람들이 미처 깨닫지 못한 중요한 단서를 발견하도록 도와줄 수 있어요.

친구들과 함께

- 2명 이상으로 구성된 팀을 2개 이상 꾸려요. 팀에 속하지 않은 사람 한 명이 대장을 맡아요.
- 풀어야 할 사건 수를 맨 처음에 정해 둬요.
- 빨리 푼 팀이 아니라 점수가 높은 팀이 이겨요.
- 답을 찾았다고 생각하면 대장에게 말해요. 정답이면 대장이 점수를 줘요. 점수를 받은 팀은 다음 사건으로 넘어가요.
- 각 사건에서 얻은 점수를 종이에 꼭 적어 놓아요. 동점일 때는 사건을 하나 더 풀어서 승리 팀을 정해요.

나의 몸을 관찰하면서 실험하고 배워요

답(어떤 답은 예상 밖이에요)을 찾았나요? 이제 직접 확인해 볼 시간이에요. 책 뒷부분에 나오는 활동을 따라 하다 보면 인체의 특성과 내 몸에 관해 더 알게 될 거예요. 흰 가운을 걸치고 수첩을 쥐어요. 그리고 직접 의사가 되어 진료를 시작해 봐요.

실험하고, 생각하고, 배우고!

점수

사건은 1부터 6까지 난이도에 따라 구분되어 있어요. 난이도는 ✶로 표시되어 있어요.

10~20점

평범한 사건이 벌어져요. 알고 있는 지식과 추리 감각만으로도 수수께끼를 풀 수 있어요.

✶ ✶ ✶ ✶ ✶ ✶
✶ ✶ ✶ ✶ ✶ ✶

난이도 / 하

30~40점

추리력을 발휘하면 수수께끼를 풀 수 있어요. 하지만 사건이 왜 일어났는지 과학적으로 설명할 줄 알아야 해요.

✶ ✶ ✶ ✶ ✶ ✶
✶ ✶ ✶ ✶ ✶ ✶

난이도 / 중

50~60점

사건에 숨겨진 과학 원리를 잘 이해해야 해요. 논리적 사고가 필요하고, 때로는 창의력과 탐정의 재능을 펼쳐야 해요.

✶ ✶ ✶ ✶ ✶ ✶
✶ ✶ ✶ ✶ ✶ ✶

난이도 / 상

차례

1. 생명 탄생을 위한 달리기 ······ 10쪽
2. 유전자와 눈동자 색 ······ 12쪽
3. 심장이 없는 남자 ······ 14쪽
4. 생일이 다른 쌍둥이 ······ 16쪽
5. 시간 여행 ······ 18쪽
6. 지문 남긴 도둑 ······ 20쪽
7. 은하 전쟁 ······ 22쪽
8. 피는 거짓말을 하지 않아요 ······ 24쪽
9. 운수 나쁜 날 ······ 26쪽
10. 예민한 코의 도움 ······ 28쪽
11. 신경 세포 연결 작전 ······ 30쪽
12. 대단한 수수께끼 ······ 32쪽
13. 피똥이다! ······ 34쪽
14. 로봇의... 뼈? ······ 36쪽
15. 미용사 고르기 ······ 38쪽
16. 환상의 커플 ······ 40쪽
17. 브루스의 구사일생 ······ 42쪽
18. 와인을 사랑한 바이러스 ······ 44쪽
19. 수상한 살인사건 ······ 46쪽
20. 초와 압정 ······ 48쪽
21. 최고의 의사 ······ 50쪽
22. 극적인 경련 ······ 52쪽
23. 저주받은 손가락 ······ 54쪽
24. 싸움꾼 바이킹 ······ 56쪽
25. 손쉬운 승리 ······ 58쪽

실험 ······ 60쪽
정답 ······ 66쪽

제목 옆에 있는 그림으로 수수께끼가 다루는 주제를 먼저 확인해요.

 생식
 논리력
점수 20점
난이도 / 하
★★☆☆☆

인간의 정자(남성의 생식 세포)가 여성의 생식기에서 긴 여행을 한 뒤 난자(여성의 생식 세포)와 만나 수정되면 여성은 임신을 해요. 난자는 한 달에 4일 동안만 수정할 수 있어요. 수정된 세포는 분열하고 자라면서, 몇 달 뒤에 태어날 아기의 몸을 만들기 시작해요.

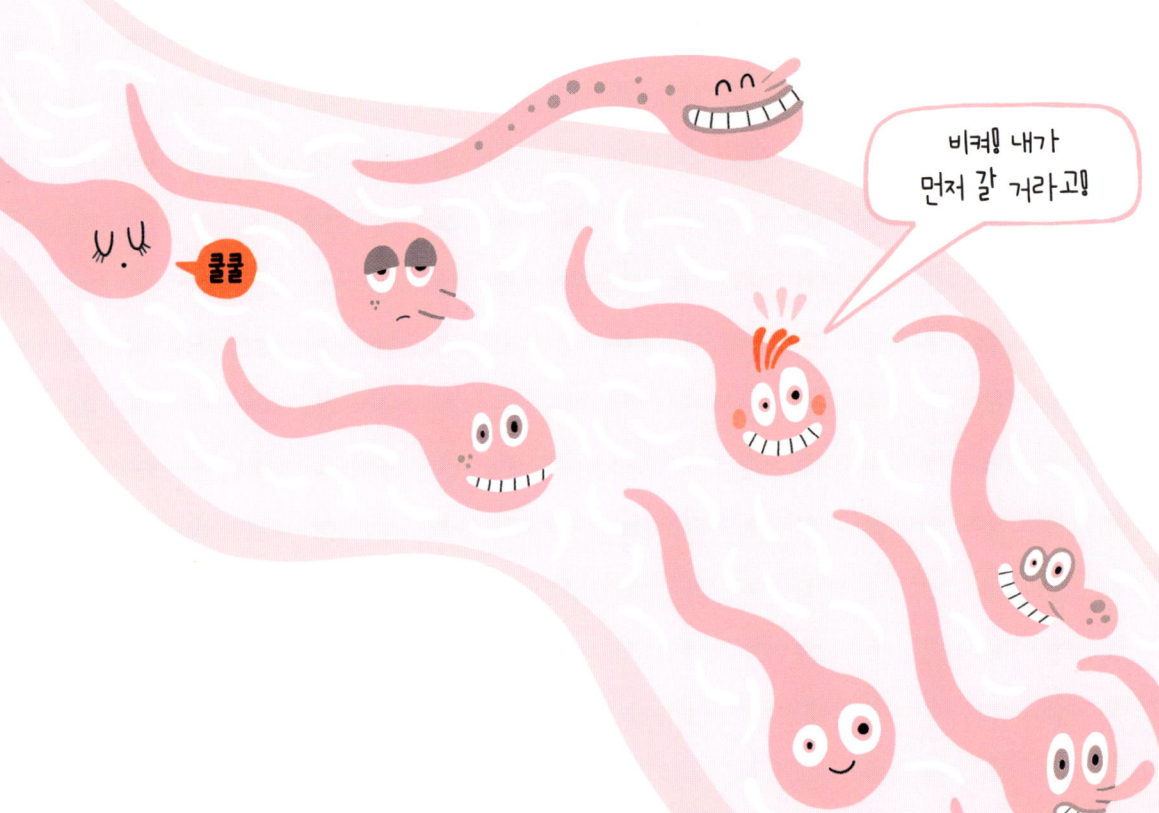

비켜! 내가 먼저 갈 거라고!

1. 생명 탄생을 위한 달리기

차렷! 준비! 출발! 파블로의 생식기에서 만들어진 수백만 개의 정자가 몸 밖으로 나와서 마르타의 생식기 안으로 들어가요. 그중 하나인 미니파블로-18754는 조금 뒤처졌어요. 아직 가야 할 길이 많이 남았으니 실망하기는 일러요. 난자 미니마르타에 가장 먼저 닿는 정자가 수정에 성공하면 배아가 만들어져요. 배아는 미래에 아기로 성장하지요.

① 마르타의 자궁경부로 가는 길에서 미니파블로-18754는 경쟁자들을 앞서기 시작했어요. 하지만 경쟁자가 워낙 많아서 아직 승리를 장담하기는 어려워요.

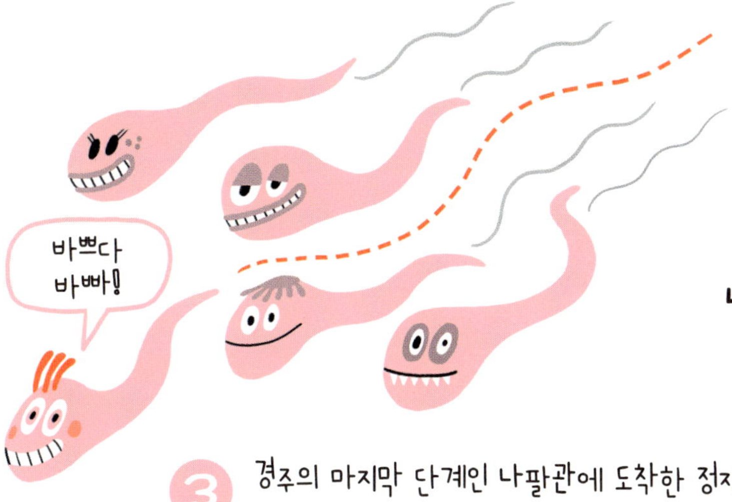

② 자궁에 도착한 미니파블로-18754는 상위권에 들었어요. 거리가 너무 멀어서(자궁경부에서 자궁까지는 고작 15센티미터지만 크기가 아주 작은 정자에게는 매우 먼 거리예요) 경쟁자 대부분은 이미 나가떨어졌어요.

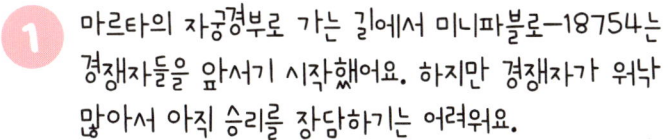

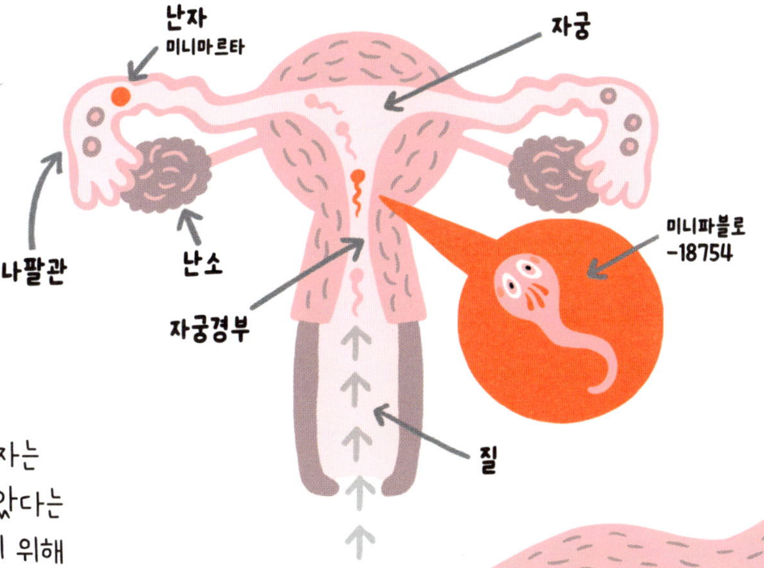

③ 경주의 마지막 단계인 나팔관에 도착한 정자는 고작 몇천 마리예요. 도착점이 얼마 남지 않았다는 걸 느낀 미니파블로-18754는 선두로 나서기 위해 전력 질주를 해요.

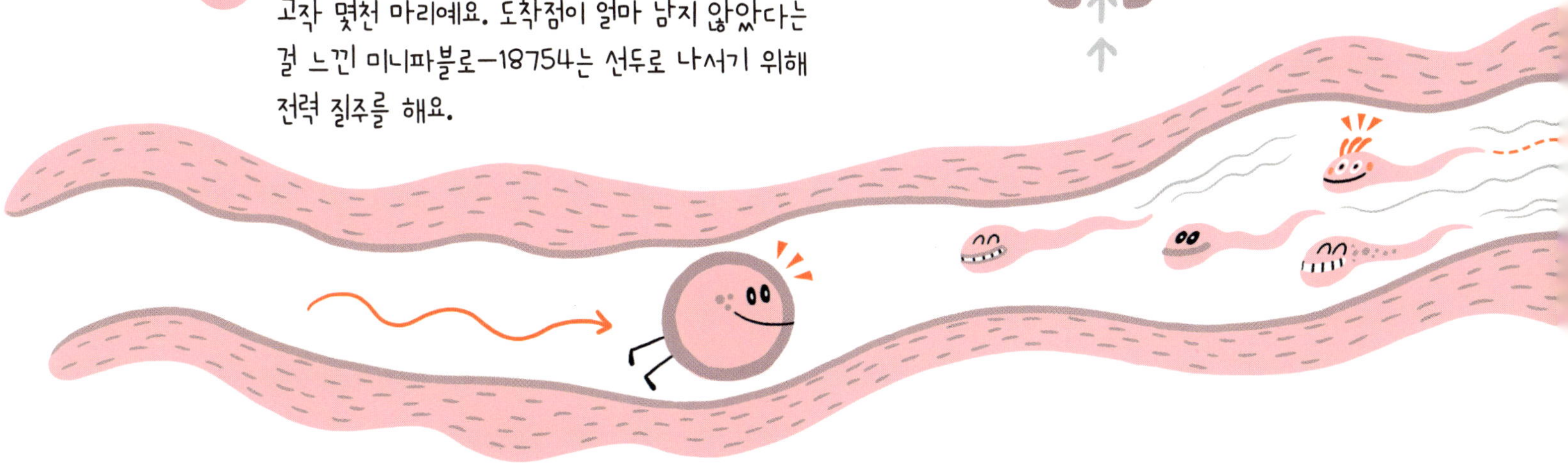

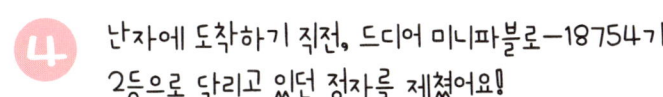

④ 난자에 도착하기 직전, 드디어 미니파블로-18754가 2등으로 달리고 있던 정자를 제쳤어요!

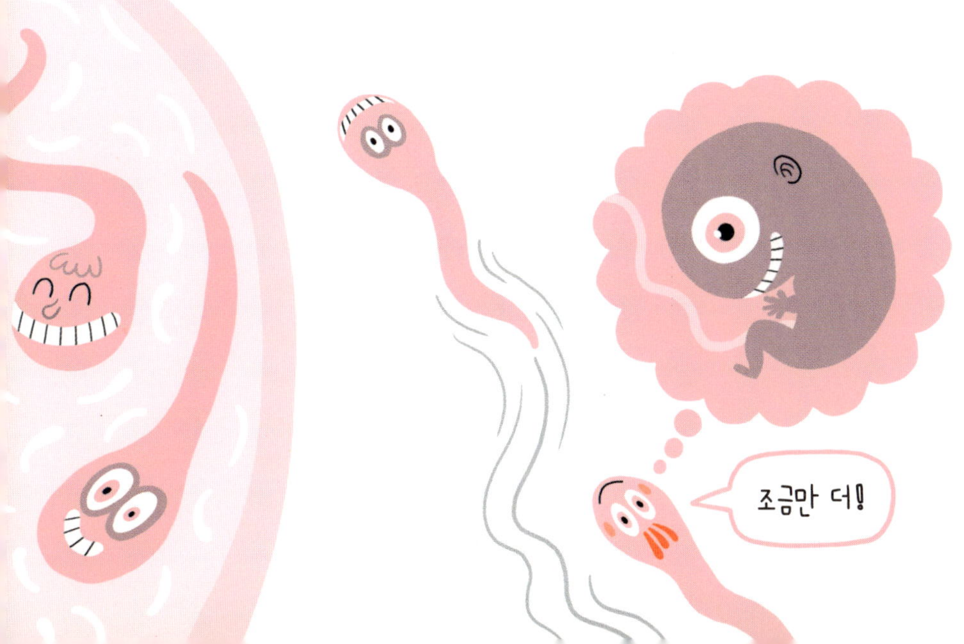

이대로라면 미니파블로-18754가 수정에 성공할 수 있을까요?

정답은 66쪽에 있어요.

 유전자　　 논리력　　점수 60점　　난이도 / 상

우리의 몸은 수십억 개의 세포로 이루어져 있고, 각 세포에는 염색체가 들어 있어요. 인간의 염색체는 46개예요. 염색체에는 눈동자 색, 머리 색 등 우리의 신체적 특징을 결정하는 유전자가 담겨 있어요. 유전자는 엄마 아빠에게 절반씩 받아요. 반은 난자에, 나머지 반은 정자에 담겨 있다가 수정이 일어날 때 합쳐지지요.

2. 유전자와 눈동자 색

말레나와 폴은 몇 달 전부터 바랐던 소원을 이뤘어요. 말레나가 드디어 임신한 거예요. 수정이 이뤄지면 아이의 염색체가 만들어져요. 말레나와 폴은 둘 다 눈동자가 갈색이에요. 그러니까 태어날 아이도 눈동자가 갈색일 거라고 생각해요. 그럴 가능성이 높긴 하지만, 유전자 조합은 쉽게 예측할 수 없답니다.

① 우리 몸엔 눈 색깔을 정하는 유전자가 있는데, 그 유전자는 2개씩 짝을 이루어요. 엄마한테 하나, 아빠한테 하나 받은 거죠. 이 두 유전자의 조합에 따라 눈 색깔이 결정돼요.

② 두 유전자 중 눈 색을 갈색으로 만드는 유전자를 'M', 파란색으로 만드는 유전자를 'm'이라고 가정해 볼게요. M은 m보다 우성이기 때문에, 둘이 함께 있으면 항상 갈색 유전자인 M이 이겨요.

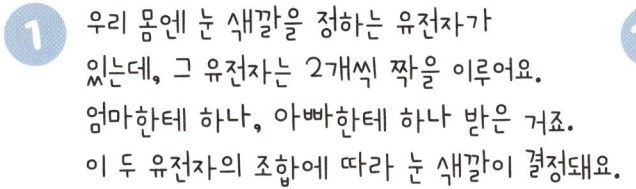

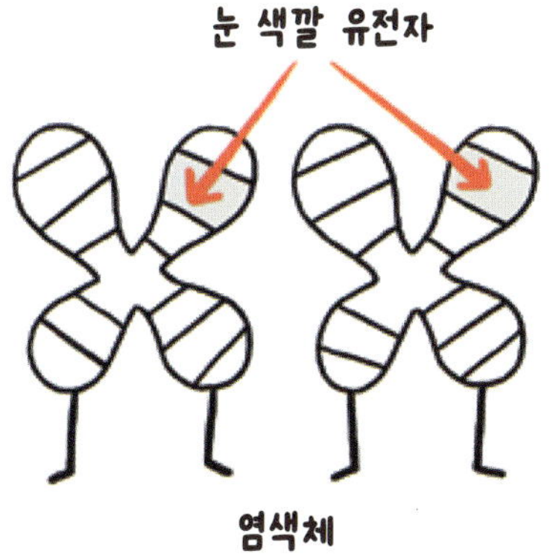

③ 말레나와 풀의 유전자 정보는 난자와 정자에도 담겨 있어요. 그림을 보면, 두 사람 모두 갈색 눈 유전자와 파란 눈 유전자를 하나씩 갖고 있는 걸 알 수 있어요.

④ 수정이 일어나면 말레나의 난자에서 하나, 풀의 정자에서 하나씩 염색체가 나와 새로운 유전자 쌍이 만들어져요. 그런데 아기가 태어나고 보니… 앗! 눈이 파란색이에요!

아기의 눈이 어떻게 파란색인 걸까요?

정답은 66쪽에 있어요.

 심장　　 상상력　　점수 50점　　난이도 / 상 ★★★★★☆

순환계에서 가장 중요한 기관인 심장은 혈액이 온몸을 돌게 하는 역할을 해요. 주먹 크기의 근육으로 이루어져 있고, 4개 구역으로 나뉘지요. 혈액은 박동에 맞춰 심장의 4개 구역을 돌아요. 심장은 1분에 평균 70번 뛰어요. 평생 25억 번 뛰는 셈이에요.

3. 심장이 없는 남자

18세기 런던. 조지 경은 가족과 함께 파티에 갔어요. 결혼할 나이가 된 딸에게 훌륭한 신랑감을 찾아 줄 좋은 기회였지요. 그런데 또 다른 손님인 아서 경이 조지 경의 딸이 매력적이지 않다며 놀렸어요. 조지 경은 딸의 명예를 지키기 위해 아서 경에게 결투를 신청했어요. 18세기에는 결투가 유행이었거든요.

① 조지 경의 주치의가 증인이 돼 주었어요. 주치의는 결투가 시작되기 전에 조지 경의 건강 상태를 꼼꼼히 검사했어요.

② 새벽이 되자 두 적수와 증인들은 약속된 장소에서 만났어요. 조지 경과 아서 경은 총알이 장전된 총을 들고 서로 등을 돌린 채 35걸음을 걸었어요. 그리고 몸을 획 돌렸지요.

인정사정없다!

절대 안 봐줘!

③ 조지 경이 먼저 뒤돌아 총을 쏘았지만 아서 경을 맞히지 못했어요. 총을 잘 쏘기로 유명했던 아서 경은 씩 웃고는 총을 쏬어요. 조지 경은 왼쪽 가슴에 총을 맞았어요.

아악!

탕!

④ 총알은 조지 경의 심장에 명중한 것 같았어요. 그런데 조지 경의 주치의는 크게 놀라지 않았지요. 조지 경이 죽지 않을 것을 알았기 때문이에요. 그렇게 총을 맞았다면 다른 사람들은 죽었을 텐데 말이에요.

진정하세요. 당신은 무사할 거예요.

토닥 토닥 토닥

허억...

조지 경은 어떻게 살았을까요?

정답은 66쪽에 있어요.

 쌍둥이
 논리력
점수 40점
난이도 / 중

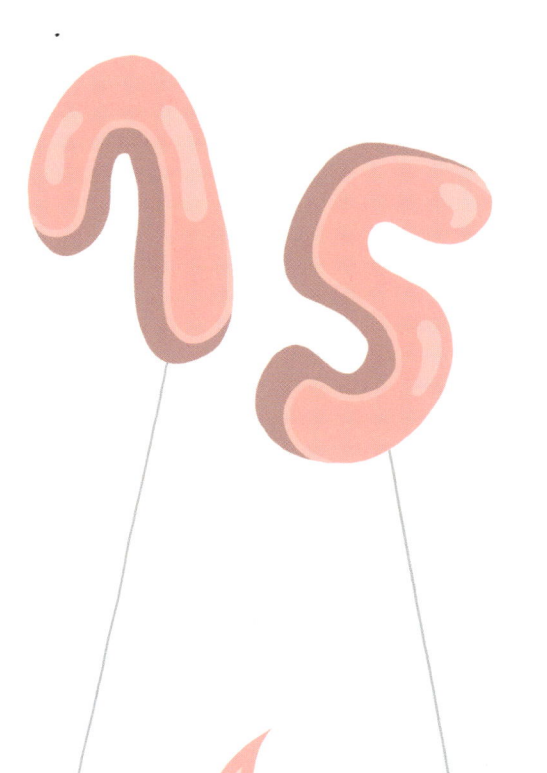

인간은 다른 동물들과 달리 출산할 때 보통 아기를 1명씩 낳아요. 하지만 가끔은 2명 이상이 함께 태어나기도 해요. 하나의 수정란이 나뉘면 일란성 쌍둥이, 서로 다른 수정란에서 태어나면 이란성 쌍둥이가 되지요.

4. 생일이 다른 쌍둥이

아우다는 훌리오의 생일 파티에 초대받았어요. 훌리오는 며칠 전에 사귄 친구예요. 파티에는 훌리오의 쌍둥이 형 빌리도 있었어요. 훌리오가 빌리를 소개해 주자 아우다는 빌리에게도 생일 축하한다고 말했어요. 그런데 빌리는 자기 생일이 다음 날이라고 말하는 거예요! 아우다는 깜짝 놀랐어요. 쌍둥이가 어떻게 생일이 다를 수가 있지요? 게다가 형이 동생보다 생일이 늦다니요?

① 생일 파티에서 아우다는 쌍둥이 형제가 어떻게 태어났는지 들었어요.

② 쌍둥이 형제의 부모는 아시아에서 배를 타고 태평양을 건너 미국으로 향하고 있었어요. 그런데 여행 도중에 엄마의 양수가 터졌대요. 출산 예정일은 아직 며칠이나 남아 있었는데도요.

③ 다행히 배에 의사가 타고 있어서 엄마는 아이들을 무사히 낳을 수 있었대요. 처음 태어난 아이가 빌리였고 훌리오는 조금 더 뒤에 엄마 배에서 나왔어요.

④ 출산에는 문제가 없었어요. 승무원 모두가 축하해 주었지요. 며칠 뒤 배는 미국에 도착했어요. 이 이야기를 들은 아우다는 드디어 수수께끼를 풀었어요.

왜 빌리의 생일이 하루 더 빠를까요?

정답은 66쪽에 있어요.

 성장    논리력   점수 20점   난이도 / 하

아기가 태어나면 첫해에 몸무게가 3배 증가하고 키는 약 25센티미터 자라요. 그다음에는 성장 속도가 일정하지 않아요. 하지만 성장이 멈추지는 않아서 해마다 4~8센티미터 정도 자랄 수 있어요. 사춘기에 20~30센티미터 더 크고 어른이 되면 성장이 완전히 멈춰요.

5. 시간 여행

오, 신기해!

클라우디아는 집에서 가까운 숲을 산책하다가 동굴을 발견했어요. 나무에 가려져 있어서 동굴을 본 사람은 아무도 없었어요. 클라우디아는 동굴 입구에 들어서자마자 어딘가로 빨려 들어가 고대에서 현대로 시간 여행을 하게 됐어요. 현대는 모든 게 달랐어요. 집을 둘러싸고 있던 들판은 도시가 되었지요. 호기심이 발동한 클라우디아는 새로운 풍경을 탐험하기 시작했어요.

❶ 클라우디아는 사람들의 눈을 피하려고 드레스 대신 더 현대적인 옷을 입기로 했어요. 작은 옷 가게에 들어간 클라우디아는 진열된 옷을 구경했어요.

❷ 옷에는 작은 종이가 달려 있었고 거기에 암호 같은 게 적혀 있었어요. 클라우디아는 그 표시가 옷 치수라는 걸 눈치챘어요.

❸ 그래서 M, L, XL 치수의 원피스를 각각 1개씩 집어 들었어요. 요즘 키가 훌쩍 자라서 가장 큰 원피스를 먼저 입어 보기로 했지요. 그래서 M을 골랐어요.

제일 큰 치수네. 나한테 딱이야!

❹ 클라우디아는 원피스를 입고 그대로 도망쳤어요. 과거에서 와서 돈 한 푼 없었으니까요.

나한테 주는 선물!

가장 큰 치수를 원했던 클라우디아는 왜 M을 골랐을까요?

정답은 66쪽에 있어요.

19

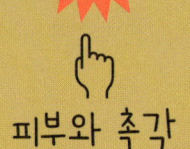 피부와 촉각　　 상상력　　점수 30점　　난이도 / 중　★★★☆☆☆

피부는 인간의 몸에서 가장 넓은 면적을 차지하는 기관이에요. 뜻밖이죠? 피부는 사람마다 성질이나 색이 달라요. 가장 큰 차이는 지문이에요. 손가락에 있는 지문은 그 사람인지 누구인지 알려 주어 경찰이 범인을 찾는 데 도움을 주기도 해요.

6. 지문 남긴 도둑

비테르보 부부는 휴가에서 돌아와 집이 털려 있는 광경을 목격했어요. 안방에 있는 서랍이란 서랍은 모두 털렸어요. 보석함은 텅텅 비었고 금고는 억지로 열려 있었어요. 비테르보 부부는 곧장 경찰서에 알렸어요. 범인을 찾을 단서가 남아 있기를 바라면서요.

① 알베아르 형사가 현장에 도착했을 때 경찰들은 이미 범죄 현장을 조사하고 있었어요.

② 경찰관 한 명이 알베아르에게 과학수사대가 다녀갔다고 알려 주었어요. 과학수사대는 문, 보석함, 금고 열쇠 등 집 안 곳곳을 전부 확인했어요.

"현장이 깨끗해요. 지문 하나 못 건졌어요."

"도둑이 장갑을 끼고 있었군요."

③ 그때 또 다른 경찰관이 방으로 들어오며 외쳤어요. "도둑놈이 끼고 있던 장갑을 방금 앞마당에서 주웠어요. 도망가면서 버린 모양이에요. 장갑을 꼈다니 아쉽네요."

④ 그러자 알베아르 형사가 말했어요. "아니에요. 놈은 이제 독 안에 든 쥐예요." 도둑의 지문이 경찰 시스템에 등록되어 있다면 범인을 빨리 잡을 수 있을 거예요.

"범인을 잡는 건 시간문제예요."

알베아르 형사는 어떻게 지문을 얻을 수 있다고 확신했을까요?

정답은 66쪽에 있어요.

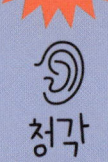 청각　　 논리력　　점수 30점　　난이도 / 중 ★★★☆☆

귀는 소리를 듣고 파악할 수 있도록 해 주는 기관이에요. 소리란 공기나 물 같은 환경에서 이동하는 파장이고요. 우리의 귀가 이 음파를 포착하면 음파는 고막에서 전기 자극으로 바뀌면서 뇌가 이해할 수 있는 신호가 되지요.

칭기즈 캣

7. 은하 전쟁

우리 은하는 힘든 시기를 맞이했어요. 엄청나게 높은 지능을 가진 악당 로봇 고양이 '칭기즈 캣'이 은하계 모든 생명체를 없애려는 계획을 세웠거든요. 칭기즈 캣은 거대한 우주선 '로보틱 스플랜더'를 빼앗고 이 우주선에 로봇 고양이 군대를 태워 은하계를 멸망시키려 해요. 다행히 저항군이 우주선이 있는 곳을 알아냈고, 우주선을 폭파할 계획을 짰어요.

		점수	난이도 / 상
혈액	논리력	60점	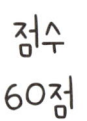 ★★★★★★

혈액은 우리 몸속을 도는 액체로, 우리가 살아가는 데 필요한 수많은 세포를 운반해요. 그런데 인간의 혈액은 다 똑같지 않아요. 혈액형에는 A형, B형, AB형, O형이 있어요. 네 가지 혈액형을 구분하는 것은 매우 중요해요. 수혈이 필요할 때 받으면 안 되는 피가 있기 때문이에요.

8. 피는 거짓말을 하지 않아요

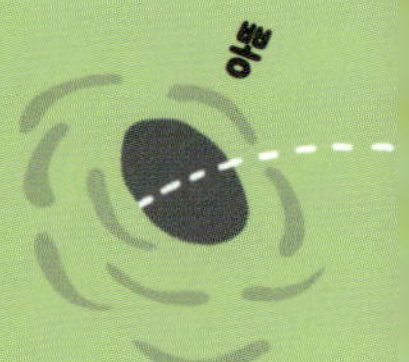

마르티나, 후안, 마누엘, 안나, 카르멘은 며칠 동안 산에서 캠핑할 생각에 신이 났어요. 그런데 출발하기 직전 함께 떠날 선생님이 갑자기 혈액형을 물었어요. 혹시라도 사고가 나면 병원에 데려가야 한다고요. 아이들은 얼마 전 학교에서 피 검사를 받았어요. 서로 혈액형을 비교해 보기도 했지요. 그런데 자기 혈액형을 기억하는 사람은 마르티나뿐이었어요. 나머지 4명은 자기 혈액형을 잊어버렸어요.

1 후안이 선생님에게 말했어요. "피 검사한 지 너무 오래돼서 잊어버렸어요. 그런데 제 피가 마누엘에게만 도움이 된다고 했어요."

제 피는 마누엘만 받을 수 있어요.

후안

2 마누엘은 이렇게 말했어요. "저는 우리 4명의 혈액형이 다 달랐던 게 기억나요. 제 피를 친구들에게 줄 수 없다는 것도요."

저는 친구들에게 피를 줄 수 없어요.

저는 친구들 모두에게 줄 수 있어요.

마누엘

안나

카르멘

저는 안나와 마르티나의 피만 받을 수 있어요.

3 그러자 안나가 말했어요. "나는 모두에게 피를 줄 수 있어." 카르멘은 "나는 안나와 마르티나의 피만 받을 수 있다고 했었어"라고 말했지요.

4 다행히 선생님이 혈액형을 비교할 줄 알았어요. 결국 나머지 학생들의 혈액형을 다 알아냈지요.

내가 다 찾은 것 같아.

혈액형	줄 수 있는 사람	받을 수 있는 사람
A	A, AB	A, O
B	B, AB	B, O
AB	AB	모두
O	모두	O

4명의 아이는 각각 무슨 혈액형일까요? 표를 참고하세요.

정답은 67쪽에 있어요.

 미각　　 상상력　　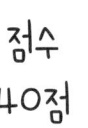 점수 40점　　난이도 / 중

미각은 맛을 구분하는 감각이에요. 혀에 있는 수용체가 맛을 느끼지요. 수용체는 혀 표면에 있는 작은 돌기인 맛봉오리에 있어요. 거울로 혀를 보면 울퉁불퉁한 것들이 보이는데, 그게 맛봉오리예요. 성인의 맛봉오리는 약 1만 개예요. 이 맛봉오리가 단맛, 짠맛, 쓴맛, 신맛, 감칠맛이라는 5개의 맛을 느끼는 거예요.

9. 운수 나쁜 날

지미는 매일 아침 포근한 침대에서 일어나는 게 정말 힘들어요. 늘 집에서 허겁지겁 나와 버스를 타려고 열심히 달리지요. 사무실에 늦게 도착한 지미는 사장님에게 호되게 혼났어요. 정말 힘든 날이네요. 평소 지미는 오전에 사무실 맞은편에 있는 카페에서 커피를 마셔요. 그런데 오늘은 카페가 문을 닫았어요. 아슬아슬하게 물이 차 있던 잔이 넘쳐 버리는 기분이었죠. 지미는 모르는 카페에 갈 수밖에 없었어요. 그 카페는 동료들이 별로라고 했던 곳이라, 지미는 조심하기로 했어요.

1 지미는 자리를 잡고 앉아서 커피를 주문했어요.
이내 종업원이 커피를 들고 나타났어요.
커피를 마시며 긴장을 푸는 이 시간을 지미는 참 좋아해요.

고마워요.

2 지미가 커피 한 모금을 들이켜려는 순간이었어요. 갑자기 커피에 둥둥 뜬 파리가 보이지 뭐예요! 지미는 곧바로 종업원을 불러 파리를 보여 주고 커피를 새로 가져다달라고 했어요.

안녕!
웨에에엑!

3 종업원은 마지못해 커피를 가져갔고 조금 뒤에 다시 커피를 가져왔어요. 지미는 소중한 휴식 시간을 제대로 즐길 수 있을까요? 오늘은 정말 재수가 없는 날이에요.

짹짹

맘 편히 쉴 수 있을지 두고 보자….

4 새 커피를 한 모금 마시자마자, 지미는 종업원이 파리를 건져 내고 그대로 커피를 가져온 걸 알아챘어요.
우웩! 지미의 운수 나쁜 날이 계속되네요.

쳇, 오늘은 정말 재수가 없군.

지미는 종업원이 커피를 그대로 가져왔다는 걸 어떻게 눈치챘을까요?

정답은 67쪽에 있어요.

27

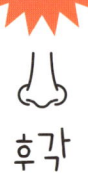 후각　　 상상력　　점수 30점　　난이도 / 중 ★★★★★　　

후각은 공기 중에 있는 화학 신호를 자극으로 바꿔서 우리의 뇌가 그 자극을 냄새로 해석하게 해요. 후각 신경은 콧속의 후각 점막에 있어요. 후각 신경 세포는 수백만 개가 있고, 각 세포의 수용체가 냄새 분자를 포착해요. 자극은 신경을 거쳐 뇌에 보내져요.

→ 예세 삼촌

↓ 고조할아버지 야메스

→ 할아버지 포레스트

← 할머니 아델리네

10. 예민한 코의 도움

율리우스 폰 과글리오는 19세기 독일의 유명한 예술가 집안에서 태어났어요. 하지만 그는 가족들과 달리 예술보다 과학을 더 좋아했지요. 율리우스가 창의력이 부족했던 건 아니에요. 창의력은 차고 넘쳤어요. 하지만 율리우스가 무엇보다 좋아했던 것은 예술을 이용해 기술 문제를 해결하는 것이었어요. 율리우스는 진정한 화학예술가였어요. 많은 기업이 율리우스에게 문제를 풀어 달라고 요청했지요.

← 율리우스

1 그날도 율리우스에게 기업 대표들이 찾아왔어요. 새로운 가스를 생산해 난방과 조명에 쓰일 에너지원으로 개발하는 기업이었지요.

만나서 반가워요.

2 그 기업에서 개발한 가스는 오늘날 사용하는 도시가스와 비슷해요. 당시에는 미래의 에너지원으로 각광받았지요.

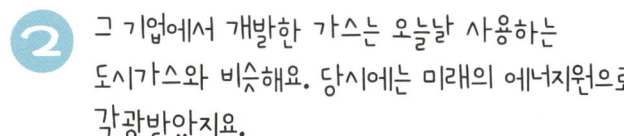

3 기업 대표들은 자신들이 생산한 가스가 사람들의 건강을 위협하지 않을까 걱정했어요. 가스가 새어 나오면 아무도 모르게 중독될 수도 있으니까요. 확실한 해결책이 필요했어요.

콜록콜록!
콜록콜록!
켁켁!

4 율리우스는 답을 알고 있었어요. 그의 제안으로 새로운 가스는 안전하게 사용될 수 있었어요. 가스가 새도 금세 알게 됐거든요.

난 정말 대단해!

율리우스가 제안한 해결책은 무엇일까요?

정답은 67쪽에 있어요.

29

 신경계　　 논리력　　점수 50점　　난이도 / 상 ★★★★☆

신경계는 뇌, 척수, 신경으로 이루어져 있어요. 뇌에는 신경 세포인 뉴런이 있는데, 뉴런의 수는 850억 개나 돼요. 인간의 몸에 있는 신경은 그보다 더 많고요. 뉴런은 서로 연결되어 있어요. 은하수의 별처럼 셀 수 없을 만큼 많은 연결이 이루어져 거대한 망을 이뤄요.

11. 신경 세포 연결 작전

크리스티나가 처음으로 보조 바퀴를 뗀 자전거를 타요. 쉽지는 않겠지만 신경계의 도움을 받을 수 있어요. 운동 중에 자극이 발생하면 신경 세포의 연결이 이루어져 눈, 뇌, 근육이 신호를 주고받게 되지요. 심지어 자전거를 타다가 넘어질 때도요! 그렇게 크리스티나는 넘어지지 않는 방법을 배울 거예요.

1 크리스티나의 신경계가 하는 많은 일 중 하나는 뉴런을 서로 연결하는 거예요. 화살표 아래 그림을 봐요. A 뉴런은 A 뉴런끼리, B 뉴런은 B 뉴런끼리, C 뉴런은 C 뉴런끼리 연결돼요.

2 뉴런의 꼬리(축삭)를 다른 뉴런의 머리(수상 돌기)와 이어 주면 돼요.

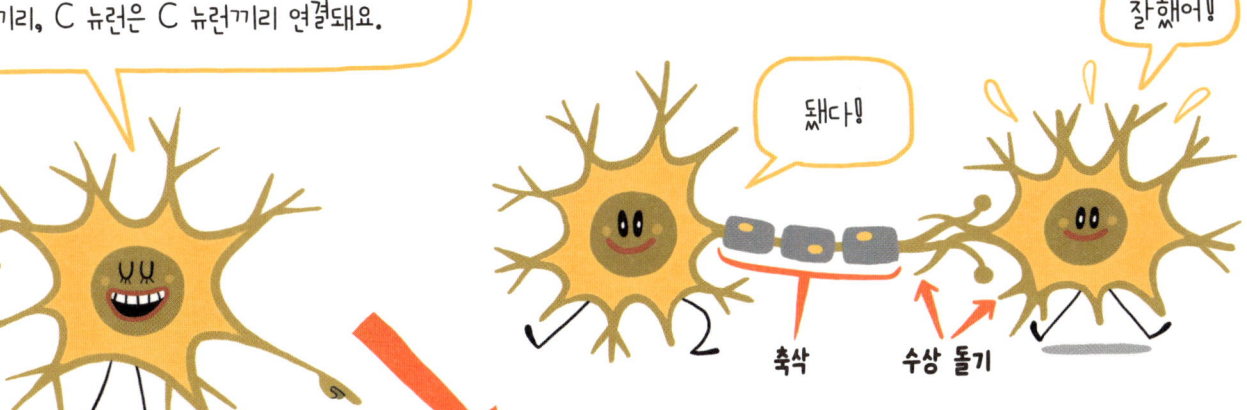

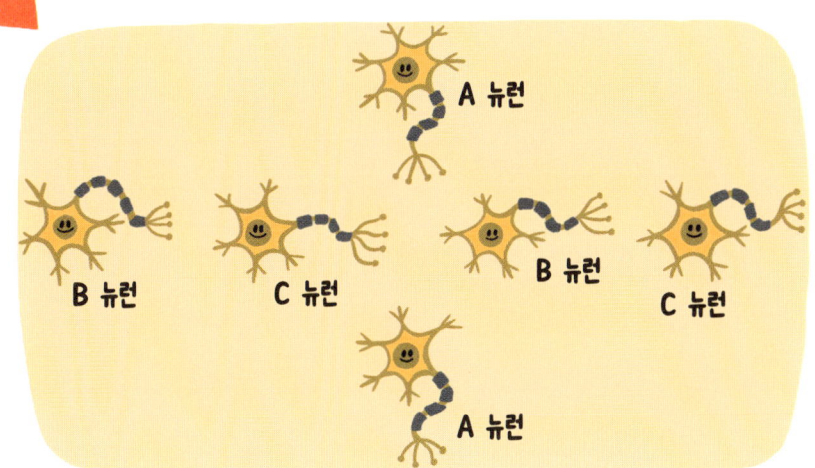

3 연결선은 서로 만나거나 상자 밖으로 벗어나면 안 돼요.

4 크리스티나가 자전거를 탈 수 있을까요? 그렇다면 뉴런이 어떻게 연결돼야 할까요?

위의 그림에 뉴런을 연결해 그려 봐요.

정답은 67쪽에 있어요.

 순환계　　 논리력　　점수 40점　　난이도 / 중 ★★★★★

순환계의 가장 큰 역할은 산소와 영양소를 우리 몸의 세포로 운반해서 세포가 잘 작동하도록 돕는 거예요. 순환계는 혈액 속에 있는 이산화탄소와 노폐물을 수거하는 역할도 해요. 우리 몸속 혈관을 펼치면 길이가 10만 킬로미터나 돼요. 그 길이라면 지구를 두 바퀴 반이나 감을 수 있지요.

12. 대단한 수수께끼

아드리아나 선생님이 설명했어요. "심장은 산소가 담긴 혈액을 큰 혈관인 대동맥에서 가장 작은 혈관인 모세혈관까지 보내요. 그 혈액은 정맥을 통해 심장으로 되돌아가지요. 모세혈관은 산소와 이산화탄소의 교환이 일어나는 곳이라서, 우리 몸 곳곳에 퍼져 있어요. 그런데 사실은 모세혈관이 닿지 못하는 곳이 딱 한 군데 있답니다. 어디일까요?" 학생들은 답을 찾을 수 있을까요?

1. 엘리아스는 신발을 벗고 엄지발가락 끝을 관찰했어요.
모세혈관이 보일까 해서요.
엄지발가락은 심장에서 가장 멀리 있으니까요.

2. 카를로스는 이 질문이 함정이라고 생각했어요.
모세혈관이 없는 심장이 답이 아닐까 생각했지요.

난 주근깨일 뿐이야!

3. '주근깨가 아닐까? 그래서 주근깨 색이 나머지 피부 색과 다른 걸 거야.'
레베카는 주근깨를 최대한 가까이에서 관찰하며 생각했어요.

4. '머리카락이 틀림없어! 머리카락에 모세혈관이 있을 수는 없잖아?' 수자나는 거울을 꺼내 머리카락을 살펴보며 생각했어요.
그 순간, 수자나에게 답이 분명히 보였어요.

수자나가 발견한 답은 무엇이었을까요?

정답은 67쪽에 있어요.

33

 소화계  상상력 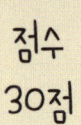 점수 30점 난이도 / 중
★★★☆☆

음식은 우리 몸의 세포에 필요한 에너지를 줘요. 우리 몸에 들어온 음식은 먼저 분해돼야 해요. 그 역할을 하는 게 소화계예요. 소화계는 하나로 이어진 소화관과 소화 기관으로 이루어져 있어요. 우리가 입으로 삼킨 음식물은 소화계를 거쳐 이동하고, 마지막에 항문을 통해 빠져나가요. '들어간 것은 다시 나와야 한다!' 이것이 법칙이에요.

13. 피똥이다!

드레버 씨는 걱정에 휩싸였어요. 오늘 아침 화장실에 갔다가 선홍색 똥을 눴기 때문이에요. '이럴 줄 알았어! 드디어 죽을 때가 되었군.' 드레버 씨는 똥에 피가 섞였다고 생각했어요. 혈변은 심각한 병에 걸렸다는 신호예요. 드레버 씨는 건강 염려증이 있어요. 중병에 걸릴까 봐 항상 노심초사하지요. 조금만 기침을 해도 온갖 병에 걸렸다고 상상해요. 성급한 결론을 내리기 전에 의사를 만나 보는 게 좋겠어요.

① 드레버 씨는 곧장 최고의 소화기 내과 의사인 홈스 박사를 찾아갔어요.

"인터넷에서 보니 죽을 수도 있대요. 솔직하게 말해 주세요. 제가 얼마나 살 수 있나요?"

② 드레버 씨가 하소연했어요. "저는 왜 이리 재수가 없을까요? 그렇게 건강을 챙겼는데요. 어제 아침에도 비트와 셀러리를 갈아 마셨어요. 점심과 저녁에는 삶은 생선과 콜리플라워를 먹었고요."

"침착하세요."

③ "운동도 열심히 하고 담배도 안 피웁니다. 휴식도 충분히 취하고요. 혈변을 조금 담아 왔으니 보시고 어서 나쁜 소식을 말해 주세요." 드레버 씨는 간호사에게 밀봉한 유리병을 건넸어요.

④ 하지만 홈스 박사는 손짓으로 간호사를 말렸어요.

"볼 것도 없어요, 왓슨 간호사."

"드레버 씨도 집에 가십시오. 아무 이상 없습니다."

홈스 박사는 어떻게 자신의 진단을 확신할까요?

정답은 67쪽에 있어요.

 뼈  상상력 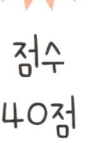 점수 40점  난이도 / 중

뼈는 인간의 몸에서 가장 신기한 부분이에요. 워낙 단단해서 4개의 넓적다리뼈로 코끼리 한 마리를 지탱할 수 있어요. 그러면서도 아주 가벼워서 몸무게의 10퍼센트밖에 차지하지 않아요. 뼈에 대해서 더 알아볼까요?

14. 로봇의… 뼈?

차페크 테크놀로지가 내놓은 새 로봇의 인기가 날로 높아져요. 하지만 이 로봇은 아직 완벽하지 않아요. 무게가 너무 많이 나가서 아주 천천히 움직일 수밖에 없거든요. 로봇 개발을 맡았던 위대한 과학자 빅토리아는 금속으로 만드는 로봇의 무게를 줄일 방법을 고민했어요. 하지만 이미 개발이 많이 진행되어서 재료와 설계를 바꿀 순 없어요. 빅토리아는 재료와 설계를 최대한 바꾸지 않으면서 로봇의 무게를 줄일 수 있는 아이디어를 하루빨리 생각해 내야 해요.

1. 영감을 찾던 빅토리아는 인간의 뼈 성분에 주목했어요. 아주 가볍지만 강도가 세니까요.

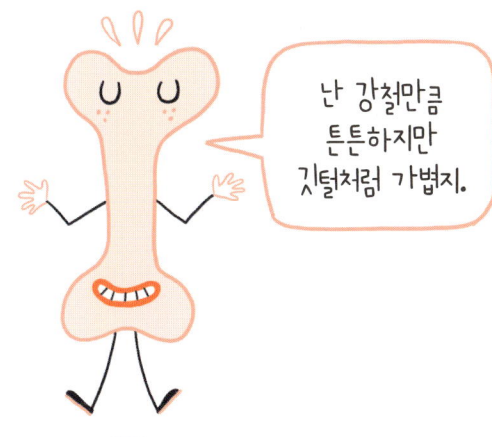

난 강철만큼 튼튼하지만 깃털처럼 가볍지.

2. 빅토리아는 뼈가 '골막'이라고 부르는 외부 막으로 둘러싸여 있고 아주 튼튼한 조직층인 '치밀뼈'로 이루어졌다는 것을 알아냈어요.

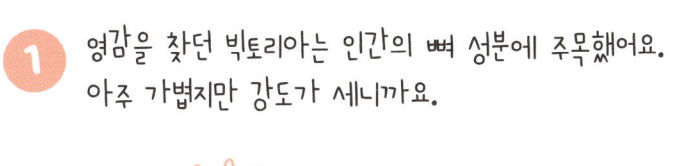

3. 또 뼈에는 '해면뼈'라는 조직도 있어요. 벌집처럼 치밀한 부분과 텅 빈 부분으로 구성되어 있어요.

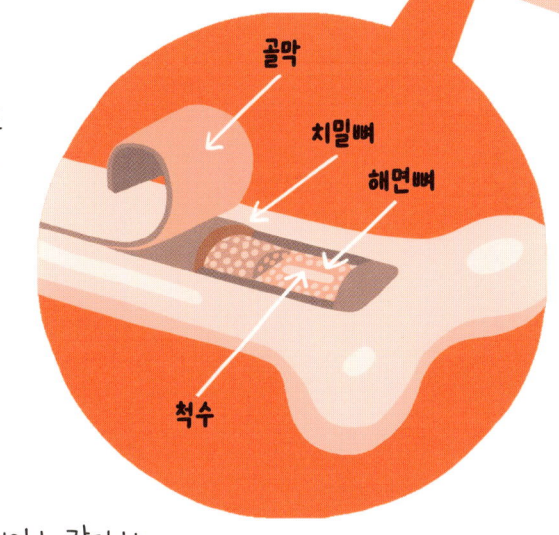

골막 / 치밀뼈 / 해면뼈 / 척수

멍멍!
삐빅 삐빅 삐빅

4. 인간의 뼈 구조를 살펴본 빅토리아는 간단한 해결책을 찾았어요. 로봇의 '뼈'를 조금만 바꾸면 무게를 줄일 수 있을 것 같아요.

역시 난 천재야!

빅토리아의 해결책은 무엇일까요?

정답은 68쪽에 있어요.

| 머리카락 | 논리력 | 점수 30점 | 난이도 / 중 ★★★☆☆ |

포유동물에게 털은 매우 중요해요. 체온을 유지할 수 있게 해 주기 때문이에요. 진화로 인해 인간은 털을 대부분 잃었어요. 눈에 보이는 털은 주로 머리에 집중되어 있지요. 사춘기가 되면 생식기에 털이 나기 시작해요.

15. 미용사 고르기

비행기와 배를 타고 긴 여정을 마친 알돈자는 드디어 바라타리아 섬에 도착했어요. 알돈자는 몇 년 전부터 이 섬에서 휴가를 보내고 싶었어요. 하지만 아주 비싼 관광지여서 오랫동안 돈을 모아야 했지요. 바라타리아 섬은 아주 작고 멀지만 천국 같은 곳이에요. 알돈자는 몇 주 동안 예쁜 해변을 돌아다니고 싶었어요. 이제 짐을 두러 호텔로 가야 해요.

① 알돈자는 그 전에 먼저 머리를 자르고 싶었어요. 머리가 너무 길어서 더웠거든요. 호텔 접수원은 섬에 있는 단 두 곳의 미용실 위치를 가르쳐 주었어요. 알론소와 산초의 미용실이었지요.

두 미용실 모두 세르반테스 대로에 있어요.

② 첫 번째 미용실은 '알론소 스타일'이었어요. 밖에서 보니 분위기가 좋고 세련된 곳이었지요. 미용사도 미용실과 똑같은 이미지였어요. 현대적이고 세련된 머리 모양을 하고 있었지요.

③ 두 번째 미용실은 '산초네'였어요. 조금 낡은 미용실이었지요. 알돈자가 창문으로 들여다보니 미용사의 머리는 삐쭉빼쭉 아무렇게나 잘라 놓은 모양이었어요.

④ 알돈자는 예쁜 머리를 원했어요. 휴가 기간 동안 평생의 동반자를 만날지도 모르잖아요! 그래서 주저 없이 '산초네'에서 머리를 자르기로 했지요.

알돈자는 왜 산초네를 택했을까요?

정답은 68쪽에 있어요.

 시각　　 상상력　　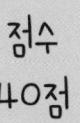 점수 40점　　난이도 / 중
★★★★☆☆

눈은 카메라처럼 작동해요. 빛이 투명한 조직(각막)을 통해 눈으로 들어간 다음 렌즈(수정체)를 통과하며 한 점으로 모이면 이미지(상)가 화면(망막)에 비쳐요. 시각 정보는 뇌에 도달하고, 뇌는 그 정보를 처리하고 해석해서 우리가 보는 것이 무엇인지 이해하게 만들어요.

16. 환상의 커플

마리아와 에두아르도는 사귄 지 몇 년 되었어요. 둘은 다음 단계로 나아가기로 마음먹었어요. 함께 살기로 한 거예요. 신이 난 두 사람은 도심에 작은 아파트를 얻었어요. 이제 가구만 사면 돼요. 안방, 욕실, 부엌에 놓을 가구는 금방 고를 수 있었어요. 그런데 거실 가구를 고르면서 문제가 생겼어요.

① 마리아와 에두아르도는 식탁을 고르려고 한 가구점의 카탈로그를 훑어보았어요. 그러다가 갑자기 동시에 외쳤어요.

② 마리아는 식탁이 맘에 들었어요. 긴 식탁은 손님을 초대할 때 안성맞춤일 거예요.

이거야!

긴 식탁이 딱이야!

난 정사각형 식탁이 좋은데….

③ "잠깐!" 에두아르도가 외쳤어요. 그리고 오른쪽에 있는 식탁을 가리켰지요. 에두아르도는 정사각형 식탁이 자리를 덜 차지하니 더 실용적이라고 말했어요.

④ 다음 날, 두 사람은 결정을 내리지 못한 채 가구점으로 향했어요. 가구점에 들어선 마리아와 에두아르도는 싸움이 헛수고였다는 걸 깨달았지요.

가구점에서 무슨 일이 일어난 걸까요?

정답은 68쪽에 있어요.

41

| 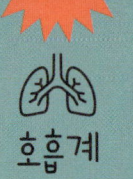 호흡계 |  논리력 | 점수 60점 | 난이도 / 상 ★★★★★★ |

우리의 몸은 산소를 연료로 삼아 음식물을 에너지로 바꿔요. 그 산소는 호흡계가 제공하지요. 호흡계는 몸에서 만들어진 노폐물, 이산화탄소를 몸 밖으로 내보내는 역할도 해요. 가장 중요한 기관은 폐예요. 폐에서 산소가 혈액으로 들어가고, 혈액 속 이산화탄소는 폐로 나오거든요.

17. 브루스의 구사일생

브루스와 친구들은 낡은 오두막에 놀러 왔어요. 밤이 되자 캠프파이어 앞에서 무서운 이야기를 나누기 시작했지요. 하지만 브루스와 친구들은 무슨 일이 벌어질지 상상도 하지 못했어요. 이곳의 전설로 전해지는 괴물이 숲에서 나타나기 전까지 말이에요. 친구들은 흩어졌어요. 브루스가 택한 길은 강으로 이어졌어요. 괴물을 피하려고 갖은 애를 썼지만 아무래도 브루스가 첫 희생자가 될 것 같아요.

① 도망치던 브루스는 강가에서 뭔가 발견했어요. 아주 긴 대나무처럼 속이 텅 빈 관이었어요. 덕분에 브루스는 물속에 들어가 입으로 숨을 쉴 수 있을 거예요.

② 하지만 이내 문제가 있다는 걸 깨달았어요. 관이 너무 가늘고 길어서 이산화탄소가 수면에 닿기 전에 다시 숨을 들이마셔야 했던 거예요.

③ 그렇다면 물속에서 오래 버틸 수 없어요. 브루스의 몸에는 산소가 필요하니까요. 하지만 물 밖으로 나갈 수도 없어요. 그때 괴물이 브루스를 찾아 강가로 다가오는 게 보였어요.

크르르릉!

④ 브루스는 재빨리 해답을 찾았어요. 해결책은 바로 코앞에 있었지요. 운이 따른다면 살아서 나갈 수 있을 거예요.

나 살 수 있을 것 같아!

브루스가 괴물을 피할 방법은 무엇일까요?

정답은 68쪽에 있어요.

부엉 부엉 부엉

 바이러스　　 논리력　　점수 50점　　난이도 / 상 ★★★★★★

바이러스는 독감, 홍역, 코로나19 등 수많은 질병을 일으키는 아주 작은 유기체예요. 세포 속으로 들어가면 활성화되지요. 세포 안에서 번식해 다른 세포로 퍼져 가며 전염병을 옮기고요. 독감이나 코로나19에 걸린 사람은 일시적으로 미각과 후각을 잃을 수 있어요.

나 심한 독감에 걸린 것 같아.

18. 와인을 사랑한 바이러스

어느 겨울, 한 와인 제조사가 독감으로 타격을 입었어요. 처음 독감에 걸린 사람은 사장인 루이사였어요. 그다음에 사원인 나탈리아, 라몬, 호르헤가 몸져누웠지요. 루이사는 결국 며칠 동안 회사 문을 닫기로 했어요. 코막힘, 기침, 온몸이 쑤시는 증상 등으로 모두가 며칠 끙끙 앓았어요. 이후 다들 몸이 회복되어 출근했지요. 그동안 쉬었으니 이제 더 열심히 일해야 해요.

① 루이사는 사원들에게 어떻게 지냈는지 물었어요. 나탈리아는 침대에서 거의 일어나지 못했지만 서류 작업을 어느 정도 했다고 답했어요.

② 라몬은 일을 조금 할 수 있었다고 대답했어요. 고객들에게 소개하기 전에 새로 만든 와인을 시음했대요.

자몽 향이 흥미롭군.

③ "죄송하지만 저는 아무것도 못 했어요. 너무 아팠거든요." 호르헤는 당황하며 말했어요. 소파에 앉아서 드라마만 봤대요.

④ 직원들의 말을 들은 루이사는 3명 중 1명이 며칠 쉬려고 일부러 독감에 걸렸다고 거짓말했다는 걸 깨달았어요.

뭐가 이상한걸.

누가 얘기를 지어냈을까요?

정답은 68쪽에 있어요.

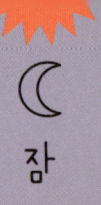 잠    상상력   점수 10점   난이도 / 하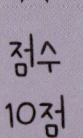

인간은 인생의 3분의 1을 잠자며 보내요. 나이에 따라 수면 시간은 많이 변해요. 신생아는 하루에 약 15시간을 자고, 노인의 수면 시간은 7시간 이하예요. 잠은 낮 동안 피로해진 우리 몸, 특히 뇌가 에너지를 회복할 수 있게 해 줘요.

19. 수상한 살인 사건

파리 최고의 형사 로베르 르드뤼는 항구 도시 르아브르로 휴가를 갔어요. 하지만 범죄는 잠을 자는 법이 없지요. 로베르 형사가 르아브르에 도착한 다음 날, 현지 경찰이 이상한 살인 사건 해결을 도와달라고 요청했어요. 호텔 근처 해변에서 어떤 사람이 살해되었다는 거예요. 사건은 밤사이 일어났지요. 로베르 형사는 잠을 설쳐 피곤했지만 동료들을 돕기로 하고 현장으로 갔어요.

① 경찰은 로베르 형사에게 피해자 옆에서 발견된 총알을 보여 줬어요. 프랑스 경찰이 사용하는 총알과 같은 것이었어요. 크기도 같고 제조사도 같았지요.

② 모래사장에 찍힌 발자국도 보여 줬어요. 경찰은 그게 범인의 발자국이라고 생각했어요. 그런데 발자국에는 엄지발가락이 찍히지 않았어요.

③ 로베르 형사는 자신의 총을 꺼내서 탄창을 확인했어요. 총알 하나가 없었지요. 로베르는 "어떻게 된 일인지는 모르겠지만 범인이 누군지 알 것 같아요"라고 말했어요.

④ 로베르는 신발을 벗더니 경찰에게 오른쪽 발을 보여 줬어요. 헉, 엄지발가락이 없었어요!

로베르 형사가 자기도 모르게 사람을 죽였다니, 어떻게 된 일일까요?

정답은 68쪽에 있어요.

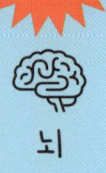 뇌　　 상상력　　점수 30점　　난이도 / 중

우리는 뇌 덕분에 우리가 하는 행동 대부분을 제어할 수 있어요. 감각 기관에서 전해진 정보의 처리, 자동으로 이루어지는 몸의 움직임, 그리고 종합적인 판단 등이 가능하지요. 인간을 다른 동물들과 구분하는 가장 큰 특징이 뇌예요. 복잡한 문제를 해결할 수 있는 능력을 갖춘 동물은 인간밖에 없거든요. 하지만 인간은 정말 우리가 생각하는 것만큼 똑똑할까요?

20. 초와 압정

인간이 문제를 해결할 때 뇌를 어떻게 사용하는지 심리학자들이 모여 연구했어요. 인간은 나이가 들면서 지식과 경험이 쌓여 더 효율적으로 행동해요. 하지만 심리학자들은 지식과 경험이 오히려 인간의 생각을 제한할 수도 있다고 봤어요. 혹시 우리는 과거에 효과 있었던 방식에만 집착해서, 그 밖의 새로운 방법을 떠올리는 데 어려움을 겪는 건 아닐까요? 틀에서 벗어나 다르게 생각하는 것이 어렵다고 여기는 건 아닐까요?

1 심리학자들은 연구를 위해 지원자를 모집했어요. 그들에게 간단한 실험을 할 생각이었지요.

2 지원자들은 초 한 개, 성냥 한 갑, 압정이 든 상자 하나를 받았어요.

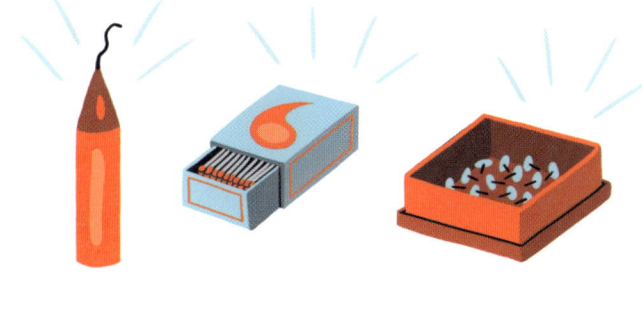

3 실험은 간단했어요. 지원자들에게 초를 벽에 고정하라고 한 거예요. 단, 초에 불을 붙였을 때 촛농이 바닥에 떨어지지 않게 해야 했지요. 지원자들은 주어진 재료만 쓸 수 있었어요.

4 심리학자들은 지원자들이 답을 찾는 데 오랜 시간이 걸릴 거라고 예상했어요. 사실 답은 간단한데 말이에요.

이 수수께끼를 어떻게 풀까요?

정답은 68쪽에 있어요.

비뇨계 | 논리력 | 점수 30점 | 난이도 / 중 ★★★☆☆

소변은 인간의 몸이 혈액에 든 노폐물을 밖으로 내보내는 데 사용하는 수단이에요. 노폐물은 비뇨계의 주요 기관인 신장에서 걸러져요. 소변은 방광에 머무르지요. 우리가 신호를 받고 화장실에 가기 전까지만요!

21. 최고의 의사

드디어 휴가가 시작되었어요. 마르코스는 아들 다비드와 함께 여름을 보내기 위해 해변에 있는 아파트를 빌렸어요. 다비드의 엄마는 일로 바빠서 둘이서만 가기로 했지요. 다비드가 방학하는 날, 마르코스는 짐을 싸서 교문에서 아들을 기다렸어요. 두 사람은 차를 타고 바다로 향했어요. 그런데 마르코스가 잠깐 한눈을 파는 사이, 차가 차선을 벗어나 나무에 충돌했어요.

① 사고를 목격한 다른 운전자가 즉시 119에 연락했어요. 구급차가 빠르게 도착해서 가장 가까운 병원으로 마르코스와 다비드를 옮겼지요.

② 기절한 마르코스는 심한 타박상을 입었지만 상태는 안정적이었어요. 의사들은 집중 치료실에서 마르코스가 회복될 때까지 보살피기로 했어요.

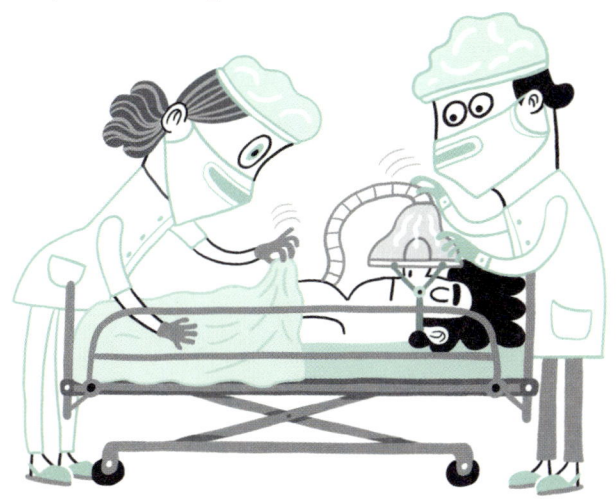

③ 다비드는 아빠보다 운이 나빴어요. 충돌 당시 신장이 크게 손상되었거든요. 당장 수술하지 않으면 신장 1개(어쩌면 2개 모두!)를 잃어버릴 상황이었어요.

④ 병원은 신장 수술을 맡을 수 있는 최고의 전문의에게 연락했어요. 하지만 의사는 환자를 보자마자 말했어요.

다른 사람이 수술하는 게 좋을 것 같아요. 제 아들이니까요….

어떻게 된 일일까요?

정답은 68쪽에 있어요.

  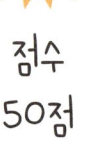 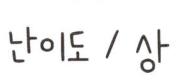 

| 근육 | 상상력 | 점수 50점 | 난이도 / 상 |

우리 몸에는 수많은 근육이 있어요. 근육이 하는 가장 중요한 일은 몸이 자유롭게 움직이게 하는 거예요. 혈액 순환이나 소화 등 다른 일도 많이 하지만 말이에요. 근육 조직은 신경계의 명령에 반응해서 수축할 수 있어요.

22. 극적인 경련

오늘은 안토니오의 생일이에요. 여자 친구인 티나는 안토니오의 생일을 축하하려고 아주 특별한 저녁을 준비했어요. 인기 많은 멕시코 식당에서 저녁을 먹은 다음에 안토니오가 가장 좋아하는 배우의 공연을 보러 갔지요. 그런데 공연이 시작되고 얼마 지나지 않아….

 힘줄  상상력 점수 40점 난이도 / 중 ★★★★★

힘줄은 근육의 끝과 뼈를 이어 주는 띠 모양의 튼튼한 섬유 조직이에요. 힘줄 덕분에 우리는 몸을 움직일 수 있어요. 힘줄이 없다면 뼈도 근육도 다 소용없어요.

23. 저주받은 손가락

리카르도는 조카 안드레스를 놀리는 걸 좋아해요. 눈속임으로 안드레스의 입이 떡 벌어지게 하곤 했지요. 오늘 리카르도는 안드레스의 손가락에 저주를 걸 거라고 말했어요. 그런 다음 두 팔을 앞으로 뻗고 안드레스의 양손 엄지와 약지를 잡았어요. 그리고 주문을 외웠지요. "저주받은 손가락이여, 이제 너희는 마법의 힘으로 합쳐질 것이다!" 리카르도가 외치면서 두 손가락의 운명은 영원히 하나로 묶였어요. 한번 볼래요?

① 리카르도는 안드레스에게 손바닥이 아래로 향하게 해서 테이블 위에 손을 얹게 했어요. 그리고 손가락을 하나씩 들어 보라고 했지요. 안드레스는 별 어려움 없이 손가락을 들었어요.

② "이제 조금 전처럼 손을 얹은 다음에 이번에는 중지를 구부려. 그리고 나머지 손가락을 하나씩 들어 봐." 리카르도가 말했어요.

③ 안드레스는 엄지, 검지, 새끼손가락은 쉽게 들어 올릴 수 있었어요. 그런데 약지는 아무리 들어 올리려고 해도 꼼짝하지 않았어요. 이상한 힘이 손가락을 누르는 것 같았어요.

④ 사실 이건 삼촌의 장난이었을 뿐, 마법 때문이 아니었어요. 하지만 안드레스는 영문을 알 수 없었지요.

어떻게 된 거지?

안드레스는 왜 약지를 들어 올릴 수 없었을까요?

정답은 69쪽에 있어요.

 상처　　 논리력　　점수 40점　　난이도 / 중
★★★★★☆

우리 몸은 놀라워요. 하지만 부상을 피할 수는 없어요. 우리는 부딪히고, 데고, 넘어지는 등 여러 사고로 부상을 입지요. 그래도 우리의 몸은 스스로 회복할 수 있어요. 예를 들어 상처는 아물고 부러진 뼈는 다시 붙어요. 거기에 약간의 의학적 도움이 필요할 때도 있지만요.

24. 싸움꾼 바이킹

바이킹은 농사를 지으며 평화롭게 살던 스칸디나비아반도의 민족이에요. 적어도 그들이 배를 타고 바다를 건너 다른 마을을 약탈하기 전까지는 말이에요. 그들은 이런 일탈에 금방 재미를 붙였어요. 그런데 다른 마을들이 방어에 나서기 시작하면서 부상자가 생겼어요. 어떨 때는 몇 명이 죽기도 했는데, 주로 머리를 맞아 죽었지요.

① 원정에 나서기 전 바이킹들은 마을에서 가장 지혜로운 노인 프로데 토케에게 찾아갔어요. 그의 놀라운 발명품 덕분에 바이킹들은 여러 번 목숨을 구했거든요.

② 프로데는 며칠 만에 마을 사람들이 가장 좋아하는 일(싸우고 훔치기)을 훨씬 안전한 방법으로 하게 해 줄 물건을 만들었어요. 바로 코까지 가려 주는 투구였지요.

③ 다음번 공격에서 바이킹 전사들은 프로데가 만든 투구를 쓰고 나갔어요. 싸울 때 투구가 전혀 방해되지 않았어요. 전사들은 투구를 마음에 들어 했지만 한 가지 문제가 있었어요.

④ 투구를 쓰지 않았을 때보다 부상자가 늘어난 거예요. 프로데는 그래도 투구를 계속 써야 한다고 말하면서 부상자가 왜 늘었는지 설명해 주었어요.

왜 투구를 쓰고 나서 부상자가 더 늘었을까요?

정답은 69쪽에 있어요.

| 면역계 | 상상력 | 점수 40점 | 난이도 / 중 ★★★★★☆☆ |

면역계는 바이러스, 세균 등 외부 침입자로부터 우리 몸을 지켜 주는 역할을 해요. 우리 몸에 들어오는 침입자를 막기 위해 장벽을 세우고 침입자가 들어오면 싸워 줘요. 그리고 한 번 싸운 적이 있는 침입자들을 기억해 두지요. 그래서 더 효과적으로 우리 몸을 지킬 수 있어요.

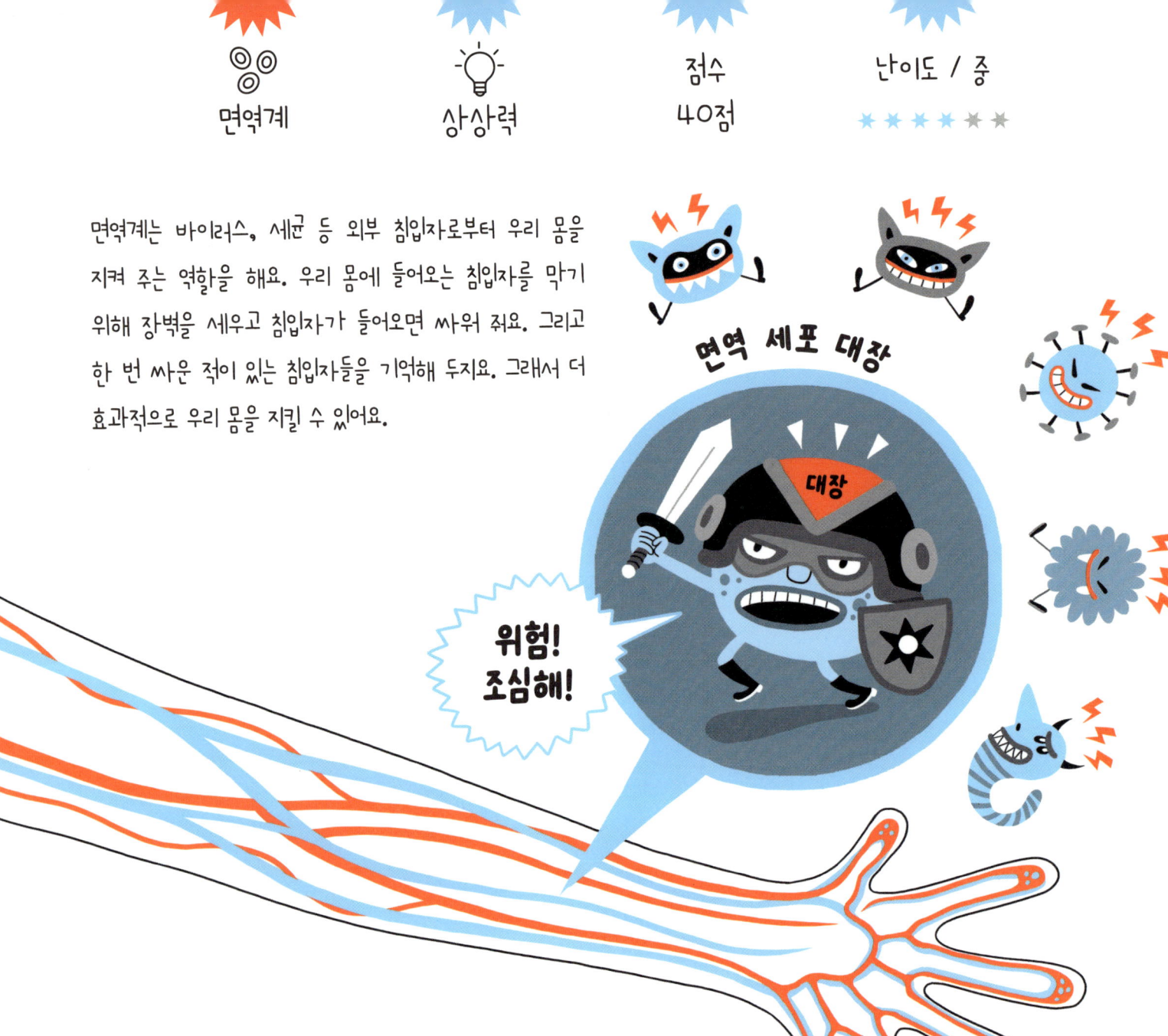

25. 손쉬운 승리

낮잠을 자던 면역 세포 대장이 사이렌 소리에 깨어났어요. 엑토르의 몸에서 무슨 일이 일어나고 있었어요. 외부 침입으로부터 엑토르의 몸을 지켜야 하는 면역 세포 대장은 혈액 속에서 마음대로 돌아다니는 세균 덩어리를 만났어요. 이것들이 어떻게 여기에 들어온 걸까요? 엑토르가 뭔가 더러운 걸 만지고 나서 손가락을 입에 넣은 걸까요? 가장 먼저 할 일은 세균 덩어리를 제거하는 거예요.

1 면역 대장은 즉시 대식 세포(침입자를 잡아먹는 세포)들을 보내 세균과 싸우게 했어요. 놀랍게도 싸움은 빨리 끝났어요. 대식 세포들은 큰 노력을 기울이지 않고도 세균을 잡아먹을 수 있었지요. 뭔가 이상해요.

2 엑토르의 면역계는 이제 항체를 만들 수 있어요. 항체는 똑같은 세균을 자동으로 공격하는 화학 물질이에요. 또 같은 세균이 들어온다면 승리는 떼어 놓은 당상이에요.

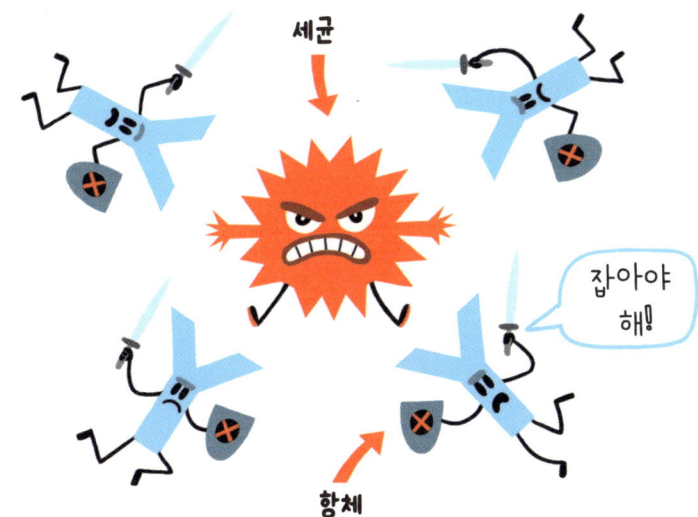

3 면역 세포 대장은 너무 쉬운 싸움이었다고 생각했어요. 세균의 수도 적었고 힘도 평소보다 훨씬 약했어요.

4 호기심이 발동한 면역 세포 대장은 엑토르의 시각 기억을 확인했어요. 세균이 어떻게 몸에 들어왔는지 알아보려고 했지요. 그런데 이게 웬일이에요? 세균은 상처나 음식을 통해서 들어온 게 아니었어요. 엑토르가 스스로 세균을 몸에 집어넣은 거예요!

엑토르는 무슨 행동을 했을까요?

정답은 69쪽에 있어요.

실험을 통해 우리 몸을 배우고 관찰해요!

이번에는 의사가 되어 볼까요? 아래 표를 채우면서 직접 경험해 봐요.
지금부터는 우리 몸과 인체의 특징에 대해 새로 알게 될 거예요. 자, 연필을 들고, 출발!

나의 몸

키	치아 개수
몸무게	가만히 있을 때 맥박
팔 길이*	활동할 때 맥박
눈동자 색	폐활량
머리 색	발바닥 모양
피부색	긴손바닥근

*두 팔을 벌렸을 때 양 손끝 사이의 거리

어디에 있을까요?

그림 속에서 인체의 각 부위·기관·감각이 어디에 있는지 선으로 이어 봐요.

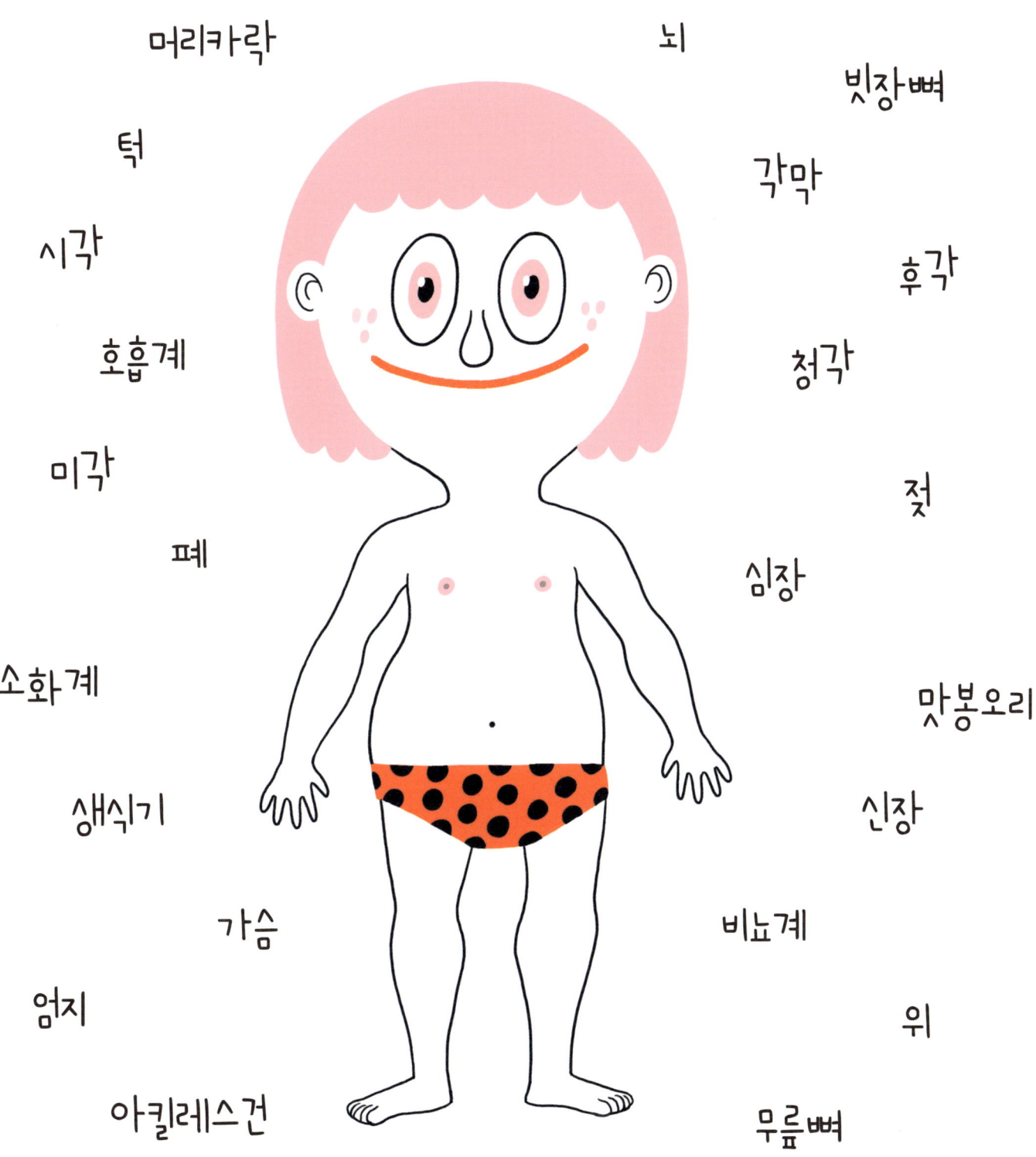

나의 몸을 발견해요

폐활량

폐활량은 폐가 한 번 숨을 들이쉬었다가 내쉬었을 때 내뿜을 수 있는 최대 공기량을 말해요. 성인의 폐활량은 약 5리터(평상시 숨을 쉴 때는 훨씬 더 적은 양을 들이마셔요)이고 나이, 성별, 체격, 신체 조건에 따라 달라질 수 있어요. 나의 폐활량을 확인하고 싶다면 풍선을 이용해요. 최대한 많은 공기를 들이마신 다음에 풍선을 한 번에 불어요. 줄자로 풍선의 가장 많이 부푼 지점의 둘레를 재요. 가족이나 친구에게 똑같이 풍선을 불어 보라고 한 다음 결과를 비교해요. 누가 폐활량이 더 큰가요? 왜 차이가 나는지 설명할 수 있나요?

맥박

맥박은 심장이 1분 동안 뛰는 횟수로 측정해요. 맥박을 재는 간단한 방법은 검지와 중지를 동맥이 피부와 가장 가까이 있는 부분에 갖다 대는 거예요. 손목 안쪽이나 목 옆에서 잴 수 있지요. 1분 동안 느껴지는 박동 수를 세면 돼요. 가만히 있을 때 맥박을 재 보고, 운동을 한 직후에도 맥박을 재 봐요. 언제 심장이 더 빨리 뛰나요?

발바닥 모양

발바닥은 작은 아치처럼 움푹 파여 있어요. 이런 발바닥 모양은 발이 받는 충격을 효과적으로 줄여 주는 역할을 해요. 또 몸무게를 골고루 분산시키고 울퉁불퉁한 지면에 발이 잘 적응하게 만들어요. 발에 아치가 없거나(평발) 아치가 너무 높은 사람(오목발)도 있어요. 나의 발 아치를 확인하려면 발바닥에 물을 뿌린 다음에 바닥에 종이를 깔고 그 위에 서요. 옆에 있는 그림과 나의 발자국을 비교해요.

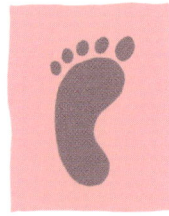
평범한 발

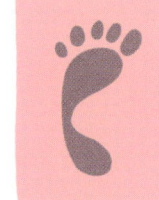
오목발

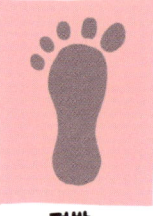
평발

나의 몸을 발견해요

밤에 크는 키

아침에 일어나서 키를 잰 다음 잠들기 직전에 다시 재 봐요. 1~2센티미터 정도 차이가 날 거예요. 이렇게 차이가 나는 건 등에 있는 척추 때문이에요. 척추는 척추뼈로 이루어져 있어요. 작은 뼈가 탑처럼 쌓인 모양이지요. 척추뼈 사이에는 물렁물렁한 디스크가 있어요. 디스크는 뼈가 서로 부딪히는 것을 막고 충격을 줄여 줘요. 낮에는 우리가 주로 서 있어서 무게로 인해 디스크가 납작해져요. 밤에는 누워 있기 때문에 디스크의 두께가 원래대로 돌아가요. 그래서 아침에 일어났을 때 키가 약간 더 큰 거예요.

잠들기 전 CM　　**일어났을 때** CM

콘슈탐 현상

문간에 서서 두 팔을 벌리고 손등으로 양쪽 문틀을 세게 밀어 보아요. 이 자세를 1분 동안 유지해요. 그런 다음 문간에서 나와 팔을 자연스럽게 늘어뜨려요. 팔이 마법에 걸린 것처럼 스르륵 위로 올라갈 거예요. 이 현상을 콘슈탐 현상이라고 불러요. 이 현상을 최초로 설명한 독일의 신경학자 '오스카 콘슈탐'에게서 따온 이름이에요. 과학자들은 이 실험을 이용해 근육의 의식적인(보통 우리가 움직일 때 일어나는) 움직임과 의식적이지 않은(델까 봐 뜨거운 것에서 손을 멀리하라는 뇌의 명령 같은) 움직임이 어떻게 다른지 연구했어요.

긴손바닥근

귀 근육이나 사랑니처럼 인간의 몸 일부는 수천 년에 걸친 진화 과정에서 기능을 잃어버렸어요. 긴손바닥근도 이런 '흔적 기관'이에요. 인류의 조상들은 높은 곳에 기어 올라갈 때 이 근육을 사용했을 거예요. 하지만 지금은 아무 쓸모가 없어요. 세계 인구 중 14퍼센트는 이 근육이 없어요. 나에게 긴손바닥근이 남아 있는지 확인하려면 손바닥을 위로 향하게 해서 팔을 쭉 뻗은 다음 새끼손가락과 엄지를 맞닿게 해요. 긴손바닥근이 있는 사람은 긴손바닥근과 뼈를 연결하는 힘줄이 튀어나올 거예요.

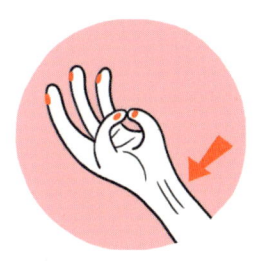 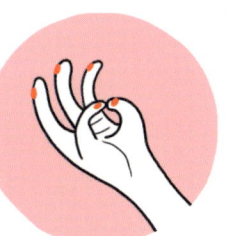

있는 사람　　**없는 사람**

감각을 실험해요

맹점

망막은 눈이 포착한 이미지를 투사하는 화면 역할을 해요. 그런데 이 화면에는 단점이 있어요. '맹점'이라고 부르는 아주 작은 구역은 어떤 이미지도 받지 못해요. 이 맹점에 눈과 뇌를 연결하는 '케이블'인 시각 신경이 있어요. 자신의 맹점을 찾고 싶다면 이 책을 손에 들고 팔을 앞으로 쭉 뻗어요. 그런 다음 왼쪽 눈을 감고 오른쪽 눈으로 오른쪽 그림의 X 표시를 계속 바라봐요. X 옆에 있는 원이 사라질 때까지 책을 천천히 몸쪽으로 가져와요. 원이 사라지는 현상은 여러분의 맹점에 원이 투사되었을 때 일어나요.

착시

모든 감각은 외부 세계의 자극을 포착하기 위한 기관을 가지고 있어요. 따라서 우리가 인식하는 것은 뇌가 받은 정보를 재구성한 거예요. 우리는 세상을 있는 그대로 보지 않아요. 뇌가 우리에게 보여 주는 세상을 보는 것이지요. 착시 현상으로 쉽게 설명할 수 있어요. 오른쪽 그림에서, 왼쪽에 있는 붉은 원이 오른쪽의 붉은 원보다 더 크게 보일 거예요. 하지만 두 원의 실제 크기는 같아요. 두 붉은 원을 둘러싼 검은 원들의 크기와 거리 때문에 착시 현상이 일어나는 거예요. 검은 원들이 뇌를 혼란에 빠뜨려 잘못된 인식을 하게 만드는 것이지요.

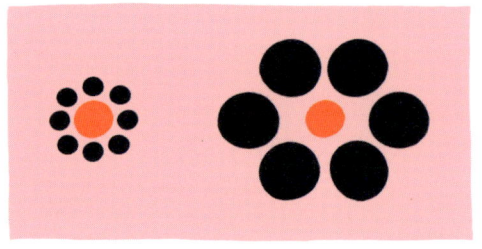

촉감의 착각

뇌는 촉감도 착각해요. 확인하고 싶다면 동전 3개를 가져와서 그중 2개를 몇 시간 동안 냉동고에 넣어요. 차가워진 동전을 꺼내서 나란히 놓고, 그 사이에 냉동고에 넣지 않았던 나머지 동전 1개를 놓아요. 검지, 중지, 약지를 3개의 동전 위에 동시에 올려놓아요. 각각 어떤 온도가 느껴지나요? 가운데 동전도 차갑게 느껴질 거예요. 뇌가 서로 다른 감각 정보를 받아들이면서 헷갈려 착각을 일으켰기 때문이지요.

감각을 실험해요

후각

냄새를 맡고 구분하는 것 외에 후각은 음식을 맛보는 데도 결정적인 역할을 해요. 우리가 무언가를 먹을 때 음식에서 나온 냄새 분자가 코에 도달해요. 후각 수용체는 우리가 맛이라고 생각하는 정보의 70퍼센트를 제공하지요. 이런 실험을 한번 해 볼까요? 질감은 비슷하고 맛은 다른 음식을 몇 개 골라요. 예를 들면 다양한 맛의 요거트나 젤리처럼요. 눈을 감고 코를 막은 다음 무작위로 음식을 맛봐요. 코를 막지 않고 먹었을 때만큼 맛을 쉽게 구분할 수 있나요?

시각

후각만 맛을 인식하는 데 관여하는 건 아니에요. 청각(바스락거리는 음식은 맛도 더 좋게 느껴져요), 촉각(혀에는 촉각 수용체가 있어서 음식의 질감을 알려 줘요), 시각도 역할을 해요. 시각이 어떻게 맛에 영향을 미치는지 알아볼 수 있는 실험을 해 봐요. 사과주스를 컵 3개에 나눠 담고 그중 컵 2개에는 향이 없는 색소를 넣어 빨간색과 초록색 사과주스로 만들어요. 그런 다음 무엇을 넣었는지 모르는 친구에게 주스를 마셔 보라고 하고 어떤 맛이 나는지 물어요. 아마 빨간 주스가 더 달고 초록색 주스는 쓴맛이 난다고 말할 거예요.

청각

소리에는 크기(단위는 '데시벨'이에요)뿐만 아니라 높고 낮은 정도도 있어요. 이걸 '주파수'라고 해요. 주파수는 헤르츠(Hz)로 측정해요. 인간의 귀는 20~2만 헤르츠의 주파수를 포착할 수 있어요. 그러나 나이가 들고 청각 기관이 퇴화하면 높은 주파수의 소리는 잘 들을 수 없어요. 다양한 연령대의 사람을 한자리에 불러 모아 서로 다른 주파수(15~2만 헤르츠의 소리는 인터넷에서 쉽게 찾을 수 있어요)의 소리를 들려줘요. 각자 들을 수 있는 주파수를 비교해 봐요.

정답

1. 생명 탄생을 위한 달리기 (10쪽)

이대로라면 미니파블로-18754가 수정에 성공할 수 있을까요?

아니오. 2등을 추월하고 그 자리를 차지했으니 이대로라면 2등으로 도착할 거예요. 1등을 한 정자가 수정에 성공하겠지요.

2. 유전자와 눈동자 색 (12쪽)

아기의 눈이 어떻게 파란색인 걸까요?

말레나와 폴이 갈색 눈과 파란 눈 유전자를 하나씩 가지고 있었으니까요. 옆의 그림처럼 25퍼센트의 확률로 아기가 파란 눈을 가질 수 있지요.

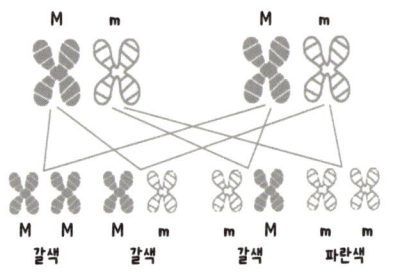

3. 심장이 없는 남자 (14쪽)

조지 경은 어떻게 살았을까요?

조지 경의 심장은 왼쪽 가슴이 아니라 오른쪽 가슴에 있었기 때문이에요. 실제로 1만 명 중 1명은 심장이 오른쪽에 있어요.

4. 생일이 다른 쌍둥이 (16쪽)

왜 빌리의 생일이 하루 더 빠를까요?

빌리가 태어났을 때 배가 날짜변경선을 지나고 있었기 때문이에요. 훌리오는 배가 새로운 시간대에 도착했을 때 태어났고요. 그래서 빌리의 생일이 하루 더 빠른 거예요.

5. 시간 여행 (18쪽)

가장 큰 치수를 원했던 클라우디아는 왜 M을 골랐을까요?

클라우디아는 고대 로마에서 왔어요. 그래서 문자인 M을 로마 숫자로 읽은 거예요. 로마 숫자 XL은 40, L은 50, M은 1000을 뜻해요. 그래서 M이 가장 큰 치수라고 생각한 거죠.

6. 지문 남긴 도둑 (20쪽)

알베아르 형사는 어떻게 지문을 얻을 수 있다고 확신했을까요?

손가락 지문이 장갑 안쪽에 남아 있었기 때문이에요.

7. 은하 전쟁 (22쪽)

루비 베어는 왜 폭발음을 듣지 못했을까요?

음파가 루비 베어의 귀까지 도달하려면 공기처럼 통과할 환경이 필요해요. 그런데 우주는 텅 비어 있기 때문에 음파가 이동하지 못해요.

8. 피는 거짓말을 하지 않아요 (24쪽)

4명의 아이는 각각 무슨 혈액형일까요? 표를 참고하세요.

후안은 B형, 마누엘은 AB형, 아나는 O형, 카르멘은 A형이에요.

9. 운수 나쁜 날 (26쪽)

지미는 종업원이 커피를 그대로 가져왔다는 걸 어떻게 알았을까요?

지미가 첫 번째 커피에는 설탕을 넣었고 두 번째 커피에는 설탕을 넣지 않았으니까요. 커피에서 단맛이 느껴지니 똑같은 커피라는 결론을 얻었어요.

10. 예민한 코의 도움 (28쪽)

율리우스가 제안한 해결책은 무엇일까요?

우리가 사용하는 가스는 원래 냄새가 나지 않아요. 율리우스는 가스에 악취를 내는 성분을 넣자고 제안했어요. 그러면 가스가 샐 때 악취를 느낄 수 있으니까요. 이 이야기는 실화랍니다.

11. 신경 세포 연결 작전 (30쪽)

위의 그림에 뉴런을 연결해 그려 봐요.

B 뉴런 2개를 서로 이어 봐요. 그런 다음 C 뉴런 2개를 서로 이어요. 이제 남은 길 사이로 A 뉴런 사이에 연결선을 그려요. 반드시 직선으로 그릴 필요는 없어요.

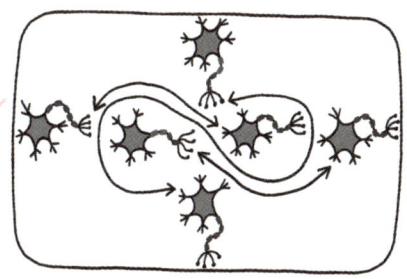

12. 대단한 수수께끼 (32쪽)

수자나가 발견한 답은 무엇이었을까요?

유일하게 모세혈관이 없는 신체 부위는 눈이에요. 눈의 각막은 완전히 투명해요. 그래야 빛이 통과하거든요. 그렇지 않으면 우리는 아무것도 볼 수 없어요.

13. 피똥이다! (34쪽)

홈스 박사는 어떻게 자신의 진단을 확신할까요?

똥이 붉었던 것은 혈액 때문이 아니라 드레버 씨가 아침에 갈아 마신 비트 때문이에요. 비트가 똥을 붉게 만들었지요.

14. 로봇의… 뼈? (36쪽)

빅토리아의 해결책은 무엇일까요?

구멍이 난 해면뼈처럼
로봇의 뼈에 구멍을 뚫으면 돼요.

15. 미용사 고르기 (38쪽)

알론자는 왜 산초네를 택했을까요?

알론소와 산초가 섬에 있는 단 두 명의 미용사라면,
서로 머리를 잘라 주었을 거예요.
그러면 실력 있는 미용사는 산초라는 말이 되지요.

16. 환상의 커플 (40쪽)

가구점에서 무슨 일이 일어난 걸까요?

두 사진은 똑같은 식탁을 찍은 거였어요.
뇌에서는 그렇게 보지 않았지요. 이걸 착시라고 해요.
못 믿겠다면 자로 식탁의 길이를 재 봐요.

17. 브루스의 구사일생 (42쪽)

브루스가 괴물을 피할 방법은 무엇일까요?

관으로 숨을 내쉬지 말고 먼저 공기를 들이마셔야 해요.
이산화탄소는 코로 내보내야 하고요. 괴물이 브루스의 코에서
나오는 공기 방울을 눈치채지 못한다면 브루스는 살 수 있어요.

18. 와인을 사랑한 바이러스 (44쪽)

누가 얘기를 지어냈을까요?

범인은 라몬이에요. 독감에 걸리면 미각과 후각이 둔해져서
제대로 된 시음을 할 수 없어요.
게다가 약을 먹을 때는 술을 마실 수 없어요.

19. 수상한 살인 사건 (46쪽)

**로베르 형사가 자기도 모르게 사람을 죽였다니,
어떻게 된 일일까요?**

로베르 형사는 몽유병 환자였어요. 그날 밤에는 잠을 자다가
살인을 저질렀지요. 형사는 자신이 수면 장애를 앓는지도
몰랐어요. 이 이야기는 실화랍니다.

20. 초와 압정 (48쪽)

이 수수께끼를 어떻게 풀까요?

상자는 압정을 정리하는 용도로만 쓰이는 게 아니에요.
상자를 압정으로 벽에 고정해서 촛대 역할을 하도록 해요.

21. 최고의 의사 (50쪽)

어떻게 된 일일까요?

의사가 다름 아닌 다비드의 엄마였기 때문이에요.
여성이 외과 의사라는 사실을 곧바로 떠올리긴
쉽지 않았을 거예요.

22. 극적인 경련 (52쪽)

왜 아무도 의사를 부르지 않았을까요?

안토니오가 티나와 보러 간 공연은 안토니오가 가장 좋아하는 코미디언의 공연이었어요. 안토니오의 경련은 웃음보가 터져서 생긴 반응이었어요.

23. 저주받은 손가락 (54쪽)

안드레스는 왜 약지를 들어 올릴 수 없었을까요?

힘줄이 중지를 접는 데 이미 사용되었기 때문이에요. 중지와 약지는 힘줄을 공유하거든요.

24. 싸움꾼 바이킹 (56쪽)

왜 투구를 쓰고 나서 부상자가 더 늘었을까요?

투구를 사용하기 전에는 바이킹들이 머리를 다쳐 죽곤 했어요. 이제는 부상자가 늘어났어도 사망자는 줄어들었지요.

25. 손쉬운 승리 (58쪽)

엑토르는 무슨 행동을 했을까요?

엑토르가 백신 주사를 맞았던 거예요. 아주 적은 양의 세균을 몸에 집어넣어 항체를 만들게 하면 해당 세균에 대한 면역력이 생겨요.

건강한 몸에 건강한 정신이 깃들어요!*

* Mens sana in corpore sano. 유명한 라틴어 표현이에요.